星座石 守護石

パワーストーンの起源

山中茉莉［著］

八坂書房

Aries
牡羊座の星座石

代表星座石：ルビー

赤色系の透明石

▲レッド・スピネルを嵌め込んだエリザベス2世の王冠

▲ルビーとダイヤモンドのアンティーク・ジュエリー
1760年頃

Taurus 牡牛座の星座石

代表星座石：エメラルド

緑色系（またはピンク系）石

▲緑系の石いろいろ

◀エメラルドのアンティーク・ジュエリー
1700年頃

双子座の星座石

Gemini

代表星座石：トパーズ

黄色系の透明石

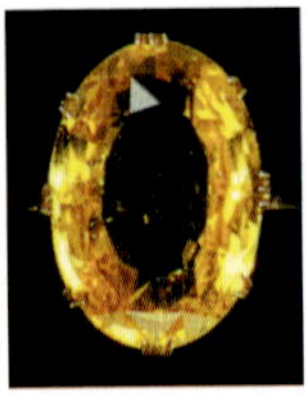

▲ゴールデン・サファイアのリング

▶黄色石をセットしたアンティーク・ジュエリー

Cancer

蟹座の星座石

代表星座石：パール

白色＆銀色系石

◀◀バッカス神を描いた珊瑚のカメオ 1850-55年

◀様々な色合いのパール

◀芥子真珠のネックレス 1820年頃

獅子座の星座石

代表星座石：ダイヤモンド

太陽光を表す(黄金&オレンジ色系)透明石

▲ダイヤモンドの
アンティーク・
ジュエリー
1850年頃

▶ナポレオン3世妃
ウージェニーの
ダイヤモンド・
ブローチ

Virgo 乙女座の星座石

代表星座石：アゲート（サードニクス）

黄色系＆縞模様石

▲エリザベス1世の肖像を
描いたサードニクスのカメオ

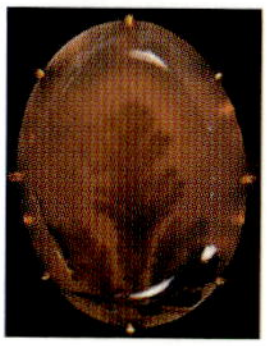

▲モス・アゲート

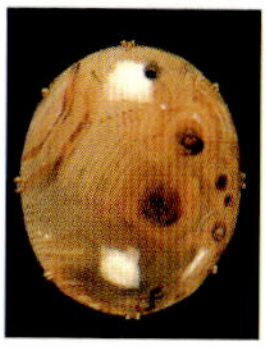

▲アゲート

▲イエロー・カルセドニー

Libra

天秤座の星座石

代表星座石：ラピスラズリ

青色系の不透明石

▲青色石いろいろ

▼ナポレオンが2番目の妃マリー・ルイーズに贈った王冠（本来はエメラルドが嵌っていた）

▲トルコ石のブローチ
1845-50年頃

Scorpius

蠍座の星座石

代表星座石：ファイア・オパール

赤色系の不透明石

▲ファセットカットの
ファイア・オパール

▲中央にファイア・オパールをセットした象牙の櫛
1906年頃

◀レッド・ジャスパーのリング

Sagittarius
射手座の星座石

代表星座石：スギライト

紫色系の不透明石（またはパーティカラー）

▲紫系の石いろいろ

▲パーティカラー・トルマリン

Capricornus
山羊座の星座石

代表星座石：オニクス

黒色系の不透明石

◀ヴィクトリア時代のジェット製ジュエリー

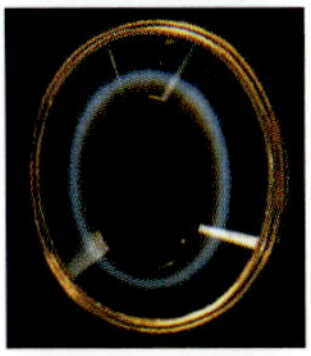

▶オニクスのリング

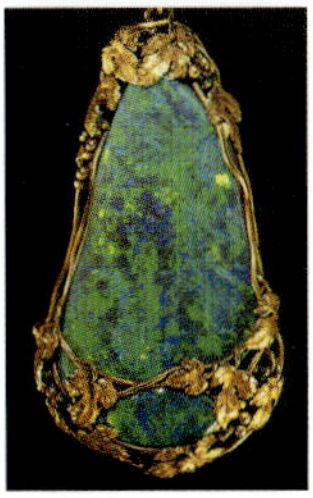

▶ブラック・オパールのペンダント 1915-25年頃

Aquarius

水瓶座の星座石

代表星座石：サファイア

茶色系＆青色系の透明石

▲サファイアを嵌め込んだシャルルマーニュ大帝の魔除け　9世紀

▲最も有名なブルー・ダイヤモンド「ホープ」

▶ブラック・ダイヤモンドのリング

Pisces
魚座の星座石

代表星座石：アメシスト

紫色系の透明石

▲ブドウを形作ったアメシストのネックレス　1840-50年頃

◀イギリスのギャカタ家に伝わるアメシストのカメオ

木星神
ゼウス

金星神
アプロディテ

七惑星の神々に捧げられた

代表的な曜日石

日曜日：ダイヤモンド
月曜日：パール
火曜日：ルビー
水曜日：トパーズ
木曜日：アメシスト
金曜日：エメラルド
土曜日：サファイア

太陽神
アポロン

月神
アルテミス

水星神
ヘルメス

ギュスターヴ・モロー画
ヘロデ王の前で踊るサロメ

貴石について講義する中世の修道士アングリクス
1390-1400年頃の写本より

17世紀に描かれたジュエリーボックス
ヤン・ブリューゲル（父）画
《花輪を置いた金のカップと宝石箱》部分 1618年頃

星座石 守護石

目★次

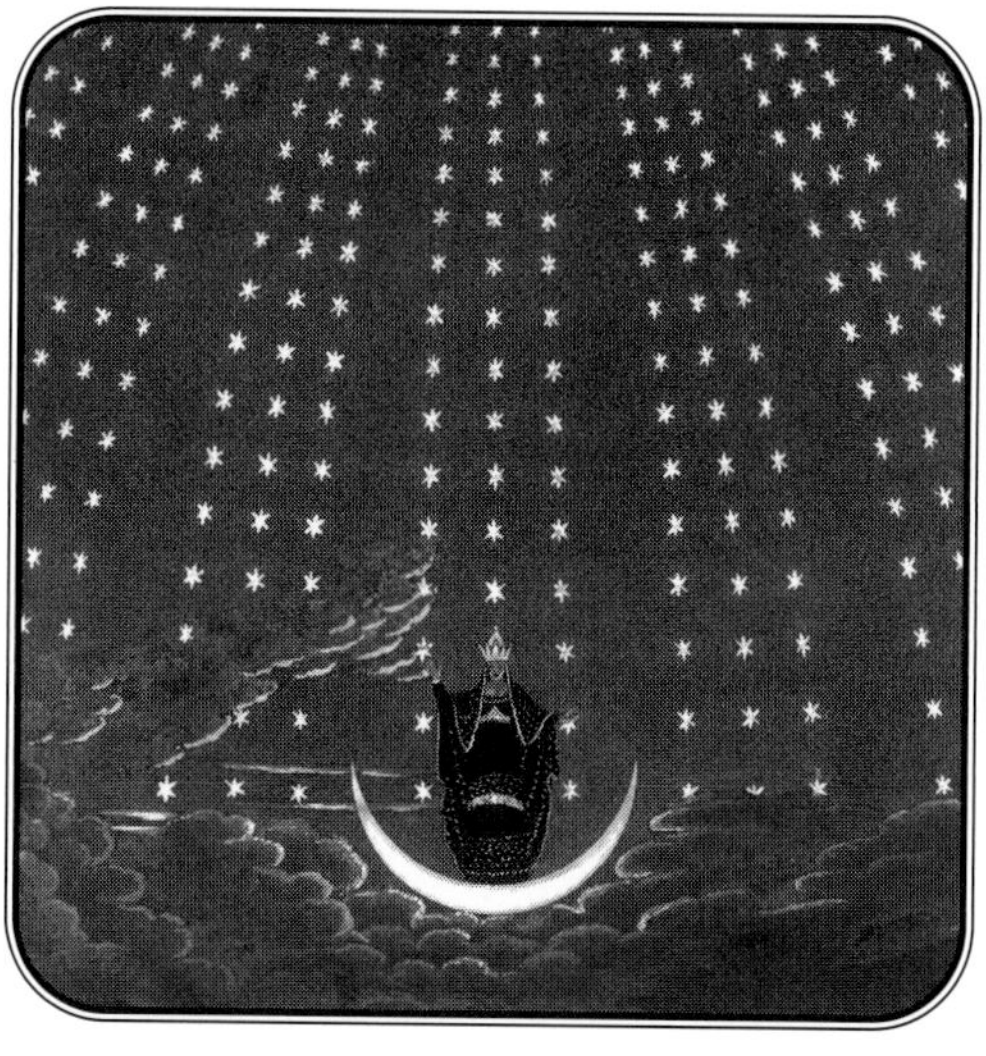

★ I ★

天の輝き 地の輝き

天体の神秘に呼応する大地の神秘

I 星座石の起源★星と占い

【バビロニアの時代】

星で占う歴史は古く、今から六千年前の紀元前四千年頃、メソポタミア地方（現在のイラク中心部）のチグリス川とユーフラテス川に挟まれた地域に住むシュメール人が、星の規則的な運行を見いだし、天文の大系を捉えたといわれています。彼らは実際に天体の動きを観察。月の運行を基にした「太陰暦」を発明し、現在でも時間を表す「六十進法」を考えだしました。特に南部、肥沃なバビロニア平原に住むカルデア人は冷静な天体の観察者として、世界最古の占星術を考え出したといわれています。

星の運行で国や人の運命が決められると信じた彼らの中から、後の紀元前六二五年にカルデア王ナボポラッサルが出現。新バビロニア王朝を築きます。都をバビロン（現在のバグダッド南方）に置き、周りには城壁を巡らし、北のイシュタルの門や、二代目王のネブカドネザル二世が妃のために建てた空中庭園（世界七不思議の一つとされる）など、文化の粋を集めた都市国家を建設。旧約聖書「創世記」第十一章でバベルの塔として語られた巨大なジグラッド（聖なる塔）も、ここにあったとされています。この塔は神殿であるとともに人類初の天文台だといえます。それは、この塔に上り、気象を占い、直接国土の盛衰に関することを王に進言していたカルデアの神官たちこそが、史上初の占星術師であったことを意味しています。

✵「七」という宇宙の神秘数

カルデアの神官たちは七という数字に特別の意味を込めて宇宙をながめていました。占星術が生まれた時代、地球が中心で月も太陽も地球を回る惑星と考えられていたために、水星、金星、火星、木星、土星と太陽、月の七星が地球を支配していると考え、それぞれの惑星に意味をもたせることで占いに借用しました。

◆水星――水星のスピード感から利口、俊敏、知性、話術の象徴に。

バベルの塔

ピーテル・ブリューゲル（父）画　1563年
ウィーン美術史美術館

◆金星――美しく輝く星であることから、美しさ、調和、恋愛の象徴に。
◆火星――赤い色であることから、炎、積極性、情熱、闘争心の象徴に。
◆木星――ひときわ大きな星であることから寛大、長者の象徴に。
◆土星――当時、一番遠い距離にあると考えられたことから、忍耐、努力、堅実、厳格の象徴に。
◆太陽――そのエネルギーで動植物の命を育むことから、想像力、寛大、暖かさ、命の源、父性、輝き、正義の象徴に。
◆月――満ち欠けを繰り返すことから、変化を表す、受動性、女性、母性、想像力、豊かな感情の象徴に。

神話・伝説においても、シュメール人は天体神を中心に多くの神々を崇拝していましたが、七惑星の象徴は、そのままアッカド（アッシリア・バビロニア）人に借用され、バビロニア神話が誕生します。

七惑星にアッカドの神の名を配して、それぞれにより明確な性格づけがなされました。同時に一週間をサイクルとする七日間にも、支配する惑星と惑星を守護する神々が当てられます。当時、惑星の位置は、地球から一番遠いのが土星で、順に木星、火星、太陽、金星、水星、月と考えられていたことから、この七星を一日二十四時間に当てはめて順番を決めました。例えば一日目（一番目、最初の日）は土星から始まり、一時間後は木星に、二時間後は木星の次の火星というように一時間ごとに進めて二十四時間後は太陽になり、これが二番目の日になります。そのまた二十四時間後には三番目の日の月になるという具合です。例えば現在の水曜日は四番目の日（土曜から四日後）と呼ばれていました（102頁「曜日順序の由来」参照）。七日間の星の順番とバビロニアの守護神は次の通りです。

◎第一番目の日＝土星――アダル神
　狩猟と農耕の神。ユダヤ人は七日の一日目（現在の土曜日）を安息日としました。
◎第二番目の日＝太陽――シャマシュ神
　太陽神、正義と律法の神、予言・神託の神でもある。ハムラビ法典上部の彫刻には王座に座して王に法典を授けるシャマシュの姿が刻まれている。
◎第三番目の日＝月――シン神
　満ち欠けによって、不安定を体現。月神。シャマシュ、イシュタルと三体一座をなしている。命を育む母性の象徴。

◎第四番目の日＝火星――ネルガル神
死と疫病の神。冥界の王。
◎第五番目の日＝水星――ネボ神
知恵の神書記官（記録の神）。
◎第六番目の日＝木星――マルドゥク神
バビロニアの主神。天界の統治者死者を蘇らせる創造神。「バベルの塔」はマルドゥクの神殿で、エサラギの一隅に建てられた聖塔といわれる。
◎第七番目の日＝金星――イシュタル女神
バビロニア、アッシリアの最高の女神。命と愛と戦争とを司る。若い穀物神のタンムズと結婚。

カルデア人は、また、生まれた日も大切な人格をしめすものとして重要視しました。つまり、水星が支配する一週間の第五番目の日に生まれた人は生涯にわたって知恵の神の支配を受けるわけですが、それはそれとして、神の支配日を上手く利用しようと考えたのです。例えば火星の支配する第四番目の日には疫病にかかりやすいので外出を避けようとか、土星が支配する一番目の日には農耕や狩りに出かけるといった具合です。

✲十二星座の起源

惑星の運行に基づき初めての暦を作成した彼らは、夜の星を見上げながら太陽と月が規則的に通る道（黄道）に、十二の星座を配しました。

地球から見ると、太陽は毎日一度ずつ東から西に移動し、一年で三六〇度、つまり私たちの周りを一周します（太陽の年周運動）、この道すじは生活の中の身近な十二の動物の星座を配したことから獣帯ともいいます。この十二の星座は、黄道を一カ月で一個ずつ進み、一年でもとに戻ります。

星座の天頂に太陽が来る（つまり太陽はそれぞれの星座の中で一カ月間を過ごす）順に、十二の星座のそれぞれに、名前がつけられました。それは十二の星座が暮らしの暦の役割を示していたことを意味しています。十二の期間とその期間の星座名の起源は次の通りです。

*この日付は毎年のおおよそのものであり、実際の太陽通過時期は年毎に異なります。

◆三月二十一日～四月十九日【牡羊座】

農耕に従事するバビロニアの人たちにとって、羊は財産。その

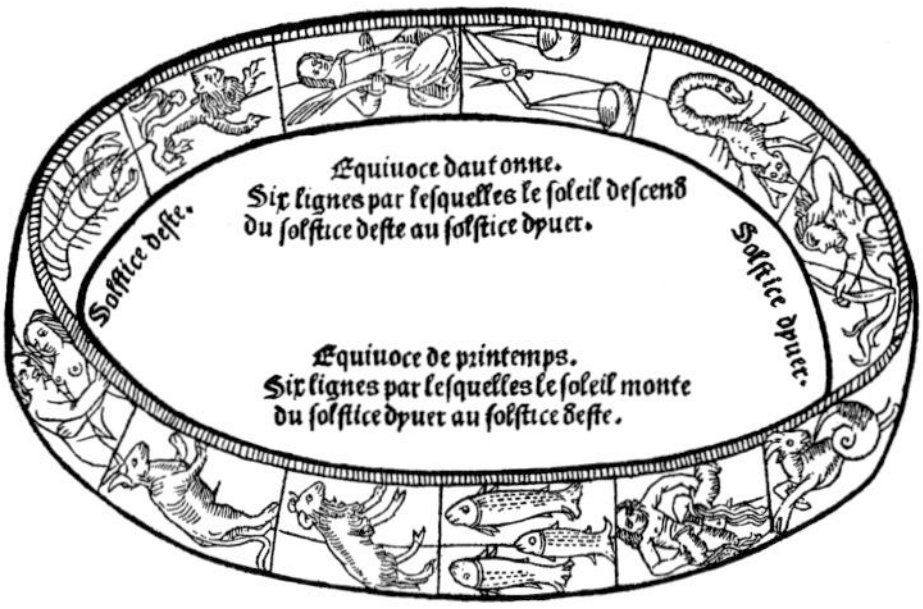

獣帯の図

ニコラ・ル・ルージュ『羊飼いの暦』1496年

羊が子供を産む時期だったことによります。

◆四月二十日～五月二十一日 【牡牛座】

牧畜牛を増やさねばならないバビロニア人は、この星で牛が発情期に入ることを確認。

◆五月二十二日～六月二十日 【双子座】

結婚によるカップルが誕生する時期だったことに起因。

◆六月二十一日～七月二十三日 【蟹座】

この時期は麦の収穫期。麦を刈り込むハサミの刃が蟹のハサミに似ていた。

◆七月二十四日～八月二十二日 【獅子座】

この時期に男たちはライオン狩りをしていたことから。

◆八月二十三日～九月二十二日 【乙女座】

この時期は麦の穂を蒔く時期でしたが、それは若い乙女の仕事だった。

◆九月二十三日～十月二十二日 【天秤座】

この時期は朝と夜の長さが同じで、秤のつり合いが取れていた。

◆十月二十三日～十一月二十一日 【蠍座】

大地が乾いたこの時期にはサソリが出やすく、恐れられたことに起因。

◆十一月二十二日〜十二月二十一日　【射手座】
狩りをする時期にあたり、弓を狩りの象徴として。
◆十二月二十二日〜一月二十日　【山羊座】
この時期はヤギの頭を神に捧げて雨乞いをしたので。
◆一月二十一日〜二月十八日　【水瓶座】
雨乞いのあと、雨が降るので瓶を用意して雨を貯めたことから。
◆二月十九日〜三月二十日　【魚座】
雨が水量を増し、この時期に魚が生まれることから。

✵十二星座は七つの惑星に支配される

この十二星座もやがて、七星（惑星）に影響を受け支配されているとして、次のように位置づけられました。

◎太陽の支配を受ける星座＝獅子座
◎月の支配を受ける星座　＝蟹座
◎火星の支配を受ける星座＝牡羊座、蠍座

◎水星の支配を受ける星座＝双子座、乙女座
◎木星の支配を受ける星座＝射手座、魚座
◎金星の支配を受ける星座＝牡牛座、天秤座
◎土星の支配を受ける星座＝山羊座、水瓶座

古代、最高の権力者であるはずの王までもあやつる「占星術」は、カルデア時代（新バビロニア王朝）にその最盛期を迎えます。前五〇〇年頃、新バビロニア王朝はペルシア帝国に滅ぼされ、そのペルシア帝国も、アレクサンドロス大王によって征服されてしまいます。

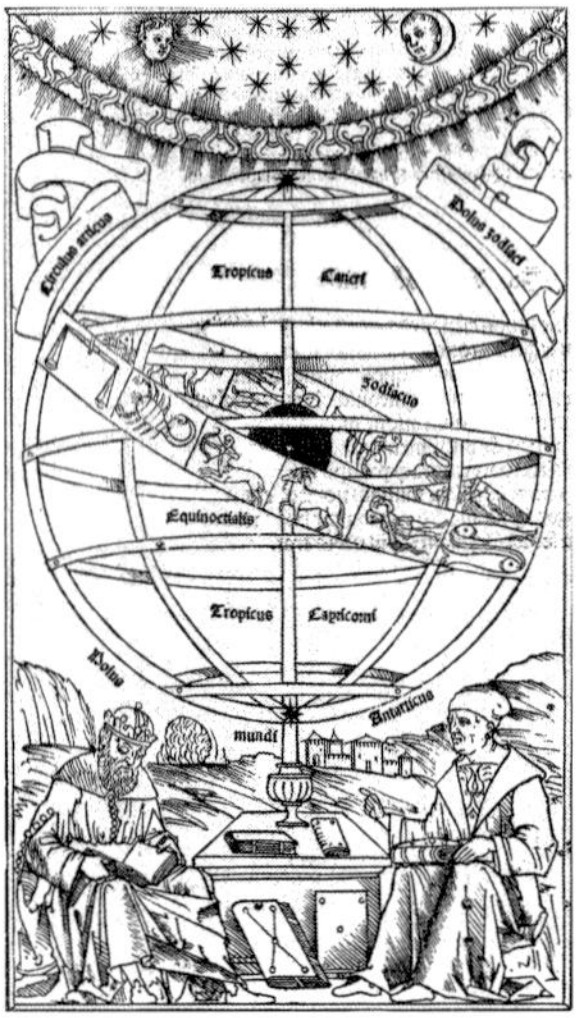

プトレマイオスと天球

レギオモンタヌス『プトレマイオスのアルマゲスト摘要』1496年

【アレクサンドリアの時代】

前三三一年、アレクサンドロス大王の建設した都アレクサンドリア（エジプト）に、バビロニアから受け継がれた占星術は根をおろします。占星術師として最も活躍したのは、最古の文献といわれる占星術を書き残したエジプト王ネケプソと、最高神官ペトシリスの二人でした。

二世紀頃にはアレクサンドリアの図書館に勤務していたプトレマイオス・クラディオスが古代ギ

リシャの天文学者たちが考案した天体に関する学説・占星術に関する知識を集大成した『アルマゲスト』を著します。

彼は今日に伝わる占星術の基を作ったのですが、彼の理論は以後千三百年にもわたり信じられ、その後のラテン世界とイスラム世界における占星術の聖典となりました。

アレクサンドリア時代の後期にギリシャ人とローマの占星家たちが発展させたホロスコープ（ギリシャ語で「時の見張り」の意）も紀元四世紀頃にほぼ完成。その後も大きな変化もなく用いられてきましたが、現在残っているホロスコープは十三世紀以後のものです。

✵ キリスト教と占星術

ちなみに、七星はユダヤ・キリスト教の天使にも置き換えられます。天使の役目に諸説の混乱はありますが、次のように性格が置き換えられました。

◎太陽＝ラファエル……若者トビトの旅に同行した天使（旧約聖書「トビト記」）。
◎月　＝ザドキエル……実りを守護する天使。
◎火星＝カマエル　……戦争の星（火星）の支配者。天界への悪魔の侵入を防ぐ。
◎水星＝ガブリエル……マリアに受胎告知をした天使。神のメッセージを伝える天使。

◎木星＝ミカエル……天界の守護天使の筆頭。天使長。
◎金星＝ハミエル……古くは堕天使ルシファー（かつて「明けの明星」の名を持つ美貌の天使だった）。
◎土星＝ウリエル……冥界（地獄）を支配する天使。土星は冥界を意味するため。

ユダヤ・キリスト教と占星術の関係は聖書にも見ることができます。旧約聖書「出エジプト記」に登場した十二の宝石（高僧の胸あてに配されたユダヤ十二部族を象徴）は、誕生石の基になったといわれています。

紀元一世紀にフラビウス・ヨセフスという人物が著した『ユダヤ古代史』が、宝石のことを著した文献として最も古いとされていますが、そのフラビウス・ヨセフも、ユダヤの高僧が用いた祭服の胸あてを飾る十二個の宝石と、天文でいう十二宮に密接な関係のあることを説いています。

また、新約聖書の「ヨハネの黙示録」に著されている、天から降臨した神の都を彩る宝石も、星座との関係を示唆しています。聖都（天の都）が神のみもとを出て、天から下ってくる様子が描かれていますが、「その輝きは、高価な宝石のようであり、透明な宝石のようであり、透明な壁玉のようである。城壁は、碧玉で築かれ、都は（透明な）純金で造られていた」と描かれています。

古代ユダヤの
高僧の胸あて

「大きな高い城壁があり、十二の門があり、そこにはイスラエルの子らの十二の部族〔注・ユダ、ルベン、ガド、アセル、ナフタリ、ダン、シメオン、レビ、イサカル、ゼブルン、ヨセフ、ベニヤミン〕の名が書かれていた。城壁をめぐる十二の土台は、

・第一の土台　ジャスパー（碧玉）
・第二の土台　サファイア（碧玉）
・第三の土台　エガト（瑪瑙《めのう》）
・第四の土台　エメラルド（緑玉）
・第五の土台　サードニクス（赤白縞瑪瑙）
・第六の土台　カーネリアン（紅玉髄）
・第七の土台　クリソライト（橄欖《かんらん》石）
・第八の土台　ベリル（緑柱石）
・第九の土台　トパーズ（黄玉）
・第十の土台　クリソプレイズ（緑玉髄）
・第十一の土台　ヒヤシンス（青玉）
・第十二の土台　アメシスト（紫水晶）

天の都の十二の門

ファクンドゥス『ベアトゥスの黙示録註解書』写本　1047年

十二の門は十二の真珠で、門はそれぞれ一つの真珠で造られ、都の大通りは透き通ったガラスのような純金であった……」と。

宮殿をあらゆる邪悪や災いから避けるために、東西南北にそれぞれの場所に配されていたこの十二の宝石は、秋分を起点とした黄道を十二分割した天文学上の十二宮に配され、星座石の基になっているといわれています。

五世紀初めにラテン語訳『聖書』を完成させたとして知られる聖ヒエロニムスは「占星術は神の啓示であり、人類に極めて有益な学問である」と述べたといわれます。このように、占星術はユダヤ・キリスト教と密接な関係を持ちながら広がっていきます。

【ギリシャ・ローマ神話の時代】

神話の神々に置き換えられた七星

カルデアの七星は、やがてギリシャ、ローマに伝わり、カルデアの神々とよく似たギリシャ・ローマ神話の神に置き換えられ、さらに性格付けが明確になり、浸透していきます。ギリシャ時代後期には、ある星座に生まれた人は生涯その星座の支配を受けるという人生の占いや、ホロスコープを描いて個人の運命を占うようになります。それぞれの惑星が支配する事柄も決められます。

◎太陽

正義と医術の神

〔ギリシャ名〕アポロン
〔ローマ名〕アポロ
〔英語名〕アポロー

[太陽が支配する事柄] 希望や幸運に関すること
財産に関すること
[太陽が支配する星座] 獅子座
[アポロンの肖像]

太陽神アポロンは天界の王・ゼウスとレトの息子で月の女神・アルテミスと双子の兄妹。父ゼウスに一番愛された輝くばかりの才能と美しい姿で描かれ、医術、音楽（立琴の名手）、詩、数学の神、予言の守護者、神託の主など多くの名を持つ神。また、法、哲学、道徳の保護者でもあり知、徳、体のすべてを兼ね備えたギリシャ人の理想像として描かれている。

[占星術が意味する太陽のプラスとマイナス]
（＋）活力の源、陽気なプラス思考、正直と向上心、強固な意志と栄光
（－）傲慢、尊大、横暴、自己中心的、優柔不断

アポロン
ティエッポロ画　1752-53年　ヴュルツブルク司教館天井画

◎月

生命と豊穣の女神

〔ギリシャ名〕アルテミス
〔ローマ名〕ディアナ
〔英語名〕ダイアナ

［月が支配する事柄］企画、夢に関すること
商売に関すること

［月が支配する星座］蟹座

［アルテミスの肖像］

月の女神アルテミスはアポロンの双子の妹。アポロンと対照的だが、兄妹の中は良く、兄が金の御車で明るい天空を駆けるなら妹は夜空を銀の戦車で駆けるというように、一対をなしています。処女で彼女に仕えるニンフたちにも純潔を誓わせていました。狩猟の女神として山野を支配。

［占星術が意味する月のプラスとマイナス］

（＋）豊かな感情、繊細でロマンティック、優しい母性

（－）激しい変化、神経質、潔癖、気分屋、独りよがり

アルテミス
フォンテンヌブロー派画　1550-60年頃
ルーヴル美術館

◎火星

戦争と炎の神

〔ギリシャ名〕アレース
〔ローマ名〕マルス
〔英語名〕マーズ

［火星が支配する事柄］戦争、ライバルに関すること
　結婚に関すること
［火星が支配する星座］牡羊座、蠍座
［アレースの肖像］
　火星の神アレースはゼウスとヘラ夫婦の嫡子ですが、戦争の神だけあって残忍。血を見るのが大好きで、非道なおこないで嫌われる。ゼウスにとっては不肖の息子。炎の神でもあり、性格も激しく、情熱的です。愛と美の女神アプロディテとの間にエロスがいます。三月のマーチはマルスに由来。

［占星術が意味する火星のプラスとマイナス］
(＋) 冒険心に富む、勇敢、何事にも情熱的でエネルギッシュ
(－) 衝動的で残忍な性格、攻撃的で短気、暴力的で野蛮

アレース
ススト リス画
16世紀中頃　ルーヴル美術館

◎水星

商業・通信の神
コミュニケーションの神
〔ギリシャ名〕ヘルメス
〔ローマ名〕メルクリウス
〔英語名〕マーキュリー

[水星が支配する事柄] 損失や負債に関すること
不安、恐怖に関すること
[水星が支配する星座] 双子座、乙女座
[ヘルメスの肖像]
水星の神・ヘルメスはゼウスとマイアの息子。生まれた瞬間から成長し、あっというまに大人になった。生まれたその日にアポロンのかわいがっていたカメを盗んで立琴を作ったほど。足が早くて如才がないため、ゼウスの遣い走りをして重宝がられます。特に秘密を要するようなお遣いにはうってつけ。泥棒と嘘つきの神という一面を有しながらも、神々の中で一番頭が良くアルファベットや数の発明をしたとされています。足には翼のあるサンダルをはき、手には伝令の役を表す金の小枝を持って描かれています。
[占星術が意味する水星のプラスとマイナス]
(＋) 豊富な知識と理論、饒舌、機智と才知、コミュニケーション力、商魂
(−) 変わり身の早さ、おしゃべり、嘘つき、ペテン

ヘルメス
ドッシ画　1529年頃
ウィーン美術史美術館

◎木星

天界と地上の支配者

〔ギリシャ名〕ゼウス
〔ローマ名〕ユピテル
〔英語名〕ジュピター

［木星が支配する事柄］名誉に関すること
富、衣服、願望に関すること
［木星が支配する星座］射手座、魚座
［ゼウスの肖像］

天界と地上の支配者。クロノスとレアの息子。神々の属性をすべて具えていました。名前の「ゼウス」は「明るく輝く」の意。姉のレア（神々の女王）と結婚。嫉妬深いレアの目を盗んでは多くの女神や人間と結ばれ沢山の子供をもうけます。ゼウスは神々の王であることから、オリュンポスの玉座に王笏と雷光をもって君臨。ゼウスの聖木は樫の木、聖獣は鷲、象徴する武器は雷《いかずち》で、狙った的は外すことはありません。その威厳は揺るぎないものがあります。

［占星術が意味する木星のプラスとマイナス］
（＋）生産と膨張、幸運と成功、絶対者、威厳、善良、楽観的、お人良し
（－）エゴイズム、自信過剰、見栄っ張り、贅沢、無神経

ゼウス
モロー画　1890-95年
モロー美術館

◎金星

愛と美の女神

〔ギリシャ名〕アプロディテ
〔ローマ名〕ウェヌス
〔英語名〕ヴィーナス

［金星が支配する事柄］友人、仲間に関すること
進路に関すること、恋愛に関すること
［金星が支配する星座］牡牛座、天秤座
［アプロディテの肖像］
アプロディテの誕生には面白い話があります。クロノスは母ガイアを虐待する父ウラノスに嫌悪感を抱き、父親が寝ている間に去勢してしまいます。切り取った性器を海に投げ捨てると、泡の中からアプロディテが生まれました。この女神は見るものすべてを虜にしてしまう美しさをもっていました。多くの神や人間と恋をして多くの子供を産みます。エロス（英語名キューピッド）は恋人のアレースとの子。夫は神の中で最も醜い姿（しかし、心は一番きれいな）のヘパイストスです。花梨、薔薇、ミルトが聖花。

［占星術が意味する金星のプラスとマイナス］
（＋）愛と平和、芸術と調和、完成された女性、恋の成就
（－）不摂生、怠惰、好色、贅沢、快楽主義

アプロディテ
ボッティチェリ画　1485年頃　ウフィッツィ美術館

◎土星

農耕の神

〔ギリシャ名〕クロノス
〔ローマ名〕サトゥルヌス
〔英語名〕サタン

[土星が支配する事柄] 生命に関すること
　建築に関すること
[土星が支配する星座] 山羊座、水瓶座
[クロノスの肖像]

　ガイアとウラノスから誕生。成人し、姉のレアと結婚すると生まれてくる子を次々に呑み込んでしまいます。父ウラノスに「お前が私にしたようにお前も子供にひどい目にあわされる」といわれていたから。ある時、クレタ島に預けられていたゼウスと母レアが共謀してクロノスに嘔吐薬を飲ませました。クロノスは呑み込んだ時と逆の順に子供たちをはき出しました。ゼウス、ポセイドン、ハデス、ヘラ、デメテル、ヘスティアの順でしたから、末っ子のゼウスが長男になってしまいました。ギリシャ神話を代表する神々の父親であるはずの土星ですが、「最も不幸な星」とされています。一方で粘り強いことから「最後に笑う星」ともいわれています。

[占星術が意味する土星のプラスとマイナス]
（＋）勤勉、忍耐力、まじめ、実務能力
（－）不幸、不運、臆病、冷酷、懐疑心が強い

クロノス
ルモワーヌ画　18世紀初期
ウォーレス・コレクション

Columun 1

★[ギリシャ神話]と[ローマ神話]★

ギリシャ人の生み出した神話・伝説などを総称して「ギリシャ神話」と呼んでいます。紀元前8世紀の作品といわれるホメロスの叙事詩『オデュッセイア』、『イリアス』やヘシオドスの『神統記』(神々の系譜や、神々に愛されて英雄を生んだ女たちの列伝などを著したもの)、『仕事と日々』などを中心に、多くの書物をもとに集められたものです。今日知られている話の原型は紀元前13～14世紀頃に始まったといわれています。内容は天地創造、神々の誕生などゼウスを長としたオリンポスの神々の話と、英雄たちの話が中心。

ギリシャも前2世紀にはローマの支配下におかれますが、ローマはギリシャの神々と神話を（近親相姦など一部の刺激的な話などは削除したり変えたりして）そのまま取り入れ神々の同一化をはかりました。これがいわゆる「ローマ神話」です。

ホメロス礼讃

アングル画　18277年
ルーヴル美術館

✲星座石の誕生――守護神に捧げられた象徴石はやがて守護石に

ギリシャ時代後期には、神格化された七惑星にもそれぞれの意味を持たせた宝石が捧げられるようになります。

特に古代には鉱物の元素は不明でしたから、何より色彩が重要視されていました。時代は下り、中世を経て、惑星の象徴とするイメージに合わせた色を中心に、宝石もそれぞれの神に当てられていきました。天文学者や占星術師、錬金術師たちが提供する、惑星の色のスペクトルやヒーリングが基本でした。こうした提供が後の本格的な星座石の基になりました。そして、その関係は時代と共に変化を繰り返していくことになり、現在、七惑星に冠せられた（占星術上の）基本的な象徴と象徴色は次の通りです。

◆太陽（正義と律法と医術の象徴）＝オレンジ、黄金色

オレンジ色は太陽を連想させる。人間を不滅とする命は太陽から得る。ゴールドから殺菌力を得る。

◆月（母性と変化の象徴）＝白、銀色

月の色シルバーの元素記号 Ag はギリシャ語の白いを意味する。白は月の神アルテミスの純潔の象徴。女性の生理を支配。月は満ち欠けして変化を繰り返す。

◆火星（闘争と情熱の象徴）＝赤色

火星は戦の神で鉄を武器とする。鉄は赤い血を作る。血は闘争心につながる。

◆水星（知識とコミュニケーションの象徴）＝黄色

危険信号にも使用されているように、黄色は神経系統を刺激して、素早い判断と理解を示す。俊敏が象徴の水星。

◆木星（調和と決断の象徴）＝紫色

紫は神経を沈静化させる作用がある。冷静な判断と態度は支配者の条件。天空で一番大きく威厳に満ちた木星。木星は天界の支配者とされ、紫は宗教的にも高貴な色。強すぎると狂気。

◆金星（癒しと愛の象徴）＝青、緑色

天空で一番美しく輝く金星は美の象徴。捧げられた青は鎮静　献身の象徴。純粋な優しさを表す。緑は暖色と寒色の真ん中の色で、アルカリと酸性の中間の色でもある。癒しとバランス美の象徴。

◆土星（勤勉と努力の象徴）＝黒、茶色

ゆっくりと回転する土星は腰をすえてコツコツ努力する姿の象徴。水土の色（茶）は農耕神の象徴。黒は冥府の象徴（土星は冥府とも関連がある）。

✵象徴石が人間に与える影響

七惑星（神）に冠せられた象徴色は、そのまま七惑星を象徴する石の色にも配せられ、占星術にも取り入れられるようになります。それまでは、星座に関係なく、それぞれの持つ宝石の神秘だけが象徴する言葉とともに（これが「宝石ことば」の基となる）一人歩きして、様々な伝説を生んでいました。当時は科学的な鉱物分類は解明されていませんでしたから、色は石の持つパワーイメージの象徴となりやすかったという土壌はありましたが、占星術との結びつきは宝石を一段と輝かせたのでした。

象徴色の石を所持することで、七星の象徴的な優れた（特に内面の）影響を受けようとし、惑星の人間に与える影響を、占星術師や研究者たちは導き出してゆきました。様々な変遷を経て現在の一般的な影響とされるものは次の通りです。

◆太陽が人間に与える影響

太陽が与えるのは高貴で高潔な性格。誇り高く、下品で卑しい行為を何よりも嫌う。太陽に与えられた暖かい性格と正直な性格から目上の知遇や引きたてを授ける。

◆月が人間に与える影響

月が与えるのは、やわらかい物腰、丁寧な言葉遣い、ロマンチストで順応性のある優しい性格。強い好奇心を与え、何でも興味を示すよう性格付けられているので、何事にもチャレンジ精神を発揮する。

◆火星が人間に与える影響

野心だけでなく実行力を与える。強く自由を求める気持ちを与える。新しい事業や計画に対する情熱を与える。攻撃力も旺盛だが率直な性格を与える。何事にも全力投球するやる気を与える。

◆水星が人間に与える影響

俊敏、闊達、聡明な性格を与える。知識欲も旺盛で腰軽に動くことから、仕事もテキパキと片付ける俊敏な行動力を与える。コミュニケーション能力も与えられているので、沢山の友人に恵まれる。

◆木星が人間に与える影響

陽気、寛大、快活で品位に満ちた言動、豊かな感受性を与えてくれる。名声や富を得るチャンスを与える。失敗をしない、たとえ嫌なことが起きても「これが、きっといいことにつながる」とポジティブに考える性格を与えて、前進させる。

◆金星が人間に与える影響

芸術的な才能と美しい感性を与える。優雅で品の良い趣味や美意識も与える。幸せな恋愛とチャンスを与る。誰にも細やかな愛情を注げるよう金運を与える。

◆土星が人間に与える影響

忍耐、慎重、堅実な性格を与える。人が嫌がる仕事もコツコツとねばり強くやり遂げる性格を与える。困難を克服した充実感を与える。実直で厳格な人柄もコツコツと取り組む姿勢から身についたもの。

2 七惑星の象徴石

古人は七惑星が与える神秘な影響を受け止めるために、実感としてアンテナの必要性を感じたのでしょう。それが神々の象徴石だったのではないでしょうか。近年、新しい宝石の発見などもあり、研究者によって見解の相違なども残りますが、現在、七惑星に捧げられた象徴石の代表的なものは次の通りです。

［太陽の象徴石］

［占星術のマーク］

太陽＝・生命と活力の源泉
・基本的な性格の決定
・父性と夫の象徴

太陽神に捧げる色（オレンジ色、黄金色、透明光）を基本とし、太陽神の明るさと正義と立法を象徴する鉱物です。太陽は獅子座を支配することから、太陽の象徴石の多くは獅子座を象徴する星座石に組み込まれています（［★］はその代表的なもの。138頁「獅子座の星座石」参照）。

◆ダイヤモンド（金剛石）［★］

あらゆる鉱物の中で最高の硬さを誇るダイヤモンドは、四十五億年かけて地球の大地で育まれたといわれています。元素は炭素ですが、単一の元素で構成された、ただ一つの鉱物だといわれています。占星術では、太陽の神は正義の神とされ、太陽の神に捧げる石はダイヤモンドが選ばれました。ダイヤモンドはその透明さにおいて、心正しい人の清浄無垢な心の代名詞となって受け継がれているからです。

古来、悪霊を祓い、勝利に導くといわれ、最高にして不滅の輝き、すべての鉱物の中でもっとも硬いダイヤモンドの硬度は十。太陽に支配を受ける獅子座を代表する守護石でもあります。また、イギリス、フランス、アメリカなど多くの国で四月の誕生石に選定されています。日本でも春のブライダルシーズンにふさわしく、その輝きを生涯の幸福な結婚生活に託して「永遠の愛」という宝石ことばとともに婚約指輪に選ぶ人が圧倒的です。人気ナンバーワンの秘密もその硬さに「かたい絆」を託すことにあるようです。世界で一番最初にダイヤモンドを発見したのはインド人です（十七世紀まではインドが唯一の産出国でした）。インドの古代語のサンスクリット語ではダイヤモンドのことは抜折羅《バサラ》と呼んでいました。サンスクリット語の教典を中国語の教典に訳すとき、「金剛石」と訳されそのまま日本に伝来。和名は「金剛石」です。何事にも侵されない硬さを意味しています。

愛を誓って女性の左薬指に輝くダイヤモンドですが、左手につける理由はかなり古い文献に見ることができます。中世の宝石についての記述で代表的なマルボドゥスも『宝石誌』に著していますが、おもしろいのは、イギリスの旅行家で寓話作家サー・ジョン・マンデヴィル（一三三八〜？）。彼はその旅行記で「ダイヤモンドは北に向かっている。それは人が東に向かった時に左側になる。だから、この石を左側につけているとその人は男らしく〔当時はダイヤモンドは男のものだった〕、手足が丈夫になる……」など、左（北に向かう）手につけることの多くの効能を述べています。占星術ではダイヤモンドは獅子座の守護石ですが、獅子座は北の宮となっていますので、マンデヴィルは占星術を意識していたことが伺えます。

［日本、イギリス、アメリカ、フランス＝四月の誕生石］……宝石ことば「永遠の愛」

◆ロック・クリスタル［石英］

石英（水晶）には多くの色がありますが、中でも無色透明なものをロック・クリスタルと呼んでいます。語源はギリシャ語の「透明な」と「氷のように冷たい」を合わせたもので古代の人たちは「神々の手で凍結させられた水と氷の精の魂」と考えていました。その、透明で無色な石英は、鉱物の中でもっとも純粋なフォームを誇っています。その純粋な美しさから古代より悪魔を祓うとして、祈禱や儀式などに用いられてきました。数珠や、水晶占いに重んじられ、太陽のエネルギーを敏感に受け取る透明石ですが、占星術における歴史的な価値観から十二宮のほとんどの宮に適応できるとし、特に水や氷の俗信を多く持つことから風の宮、水の宮に入れる研究者もいます。

［イギリス＝四月の誕生石］……宝石ことば「予感、清浄」

◆ホワイト・サファイア［コランダム］

ルビー、サファイアなど各種のコランダムの色は、微量な不純物によることから、全くの無色というのは不純物のないことを意味しています。このようなコランダムは貴重で、稀少石とされています。この透明な純粋さが正義の神・太陽の象徴というわけです。

◆パパラチア［コランダム］

コランダムの赤を「ルビー」といい、橙色を帯びたピンク・サファイアをパパラチアと呼びます。パパラチアは古代インドのサンスクリット語からきた「蓮の花」を意味。インドのヒンドゥー教では太陽神にして、最高神のヴィシュヌ神の象徴がピンクの蓮の花。ヴィシュヌは天界、空界、地界を三歩で踏み越え、人間の安全と住居を約束する神として描かれています。ヒンドゥー教では、ヴィシュヌの臍から蓮の花が生え、そこからブラフマー（宇宙の創造神）が誕生したといわれています。蓮の花はエジプトでも太陽神オシリスの花とされています。

◆ベリル〔ヘリオドール、ゴールデン・ベリル、ゴーシェナイト〕（緑柱石）

ベリリウム、珪酸、酸化アルミニウムからなります。エメラルドやアクアマリンの仲間です。様々な色がありますが、黄色のイエロー・ベリルは太陽と結び付き、ヘリオドールという名称で呼ばれています。名前の由来のヘリオドールは「太

ガルーダに乗るヴィシュヌ神と神妃ラクシュミー

18世紀初頭　ヴァーラナシー・ヒンドゥー大学付属インド美術館

陽の贈り物」からきています。太陽の暖かい色や光のイメージを特に、錬金術師たちは金と結び付けました。その意味でもヘリオドールに金色を加えたゴールデン・ベリルは太陽の象徴そのものとされました。また「ゴーシェナイト」と呼ばれる純度の高い無色透明なベリルは、ホワイト・サファイアと同じ純粋な輝きが太陽の象徴と結び付きました。

◆アクロアイト［トルマリン］

稀少性抜群の石。トルマリン族に属するエルバイト（リチア電気石）のうち無色のものをアクロアイトと呼称。無色透明の美しい輝きは曇りの無い太陽そのもの。マダガスカルや、アメリカのカリフォルニア州のパラに産します。

アクロアイトに限らず、トルマリン（電気石）は、雷電神ゼウスの木星にもあてられています。

◆フェナカイト

白色または無色、清廉潔癖な太陽を象徴する美しい石。透明結晶は硬く、強い輝きで、水晶と間違いやすく、名前もギリシャ語の詐欺師を意味する言葉に由来します。稀少な石で、誕生石としてダイヤモンドや水晶の代用にも。

◆サンストーン（日長石）

サンストーンはムーンストーンと同じ長石の仲間です。赤や金など光を当てる角度によって、光が浮かび上がってキラキラと輝きます。ギリシャ神話では、太陽神は医療の神としても登場します。古代ギリシャでは、サンストーンを太陽神の象徴として崇めて大切にしていました。ヘリオス（太陽神の一族）の石ということから「ヘリオライト」（太陽石）とも呼称され、健康を守護する石として、大切にされてきました。

◆タイガーアイ（虎目石）

黄褐色の虎のような縞模様の石を動かすとその線状も動いて見えるシャトヤンシー効果で、まるで虎の目に見えることからその名がつきました。青くキラキラと鷹の目のように見える「ホークスアイ」とは、同じ仲間。石英に青い石綿状の繊維が入り込んだのがホークスアイで、その繊維が酸化したものがタイガーアイです。古代には強運を招く石、聖なる石として大切にされていました。邪悪なものを跳ね返す霊力は太陽の象徴そのもの。

◆アンバー（琥珀）

琥珀は古代より太陽が凝縮したものと考えられていました。このことからギリシャ語のエレクトロンは「太陽石」という意味でつけられたもの（現在、鉱物学ではエレクトロンは、銀を含んだ天然金の名称になっています。これは、古代に銀を含んだ天然金が琥珀の色に似ていることによります）。アンバーは数千年以上も前の樹脂の化石で、薬にも利用されてきました（太陽は医薬の神）。また、燃やすと高貴な香りを放つことから、儀式用の香料として珍重されてきました。ギリシャ神話でもアンバーは太陽神と結び付けています。伝説では太陽神一族のファエトンが死んだ時、妹たちがその場所に立ち尽くしてポプラの木になり、その木の流した涙が琥珀になったといわれています。西洋では琥珀のことを「ポプラの木の涙」と呼ぶ所以《ゆえん》です。

◆**無色とオレンジ色のジルコン**〔旧・全色〕

占星術を最初に始めた古代カルデア人が木星に捧げたのはヒヤシンス石でした。ジルコンは古くからこの名で知られ、聖書にも登場するほどの聖石で、赤、オレンジ、褐色、そして緑系など多くの色を有しています。熱で色が変わることから、近年は特に

ファエトンの妹たち

サンティ・ディ・ティト画
フィレンツェ、パラッツォ・デラ・シニョリーア

アポロン

ジャクイント画
《太陽の誕生とバッカスの勝利》部分
1754年頃　プラド美術館

無色などはダイヤモンドの代用品としてのイメージが浸透。屈折率が高く、光輝も強いので、古代人に愛されたジルコンですが、その名前は、アラビア語の「赤い」、ペルシャ語の「金色」を意味。インドでは月食のシンボルでした。古代ギリシャでも太陽と結び付け、「ヒヤキントス」と呼んで太陽に愛された美青年の名前を冠しました。

◆カーネリアン（紅玉髄）

カーネリアンは広くは石英（水晶）などの一族で、その中でも一般に「瑪瑙《めのう》」とよばれる玉髄類に属しています。玉髄は模様と色で区別され、色が比較的一様なものをカルセドニーといい、中でも橙色と紅色のものをカーネリアンと呼称しています。カーネリアンは、正義と立法の神アポロンが守護してくれるので、印章にすると騙されないで勝利を導くといわれています。フランスのナポレオンもカーネリアンの印章を大切にしていたことで知られています。

［イギリス＝七月の誕生石］

◆ヘソナイト［グロッシュラーライト］

ガーネットの仲間の透明グロッシュラーライトに属します。中でも、褐黄、褐橙系のものをヘソナイトといい、近年、人気石の一つです。ちなみに、赤から赤橙色はヒヤシンスと古い名前で呼ばれています。

◆ペリドット（橄欖《かんらん》石）

古代には「トパーズ」は今日のクリソライトやペリドットを指しており、逆に「ペリドット」はクリソライトとトパーズを指していました。「橄欖」はオリーヴのことでその鮮やかな黄緑色を太陽の光と重ね合わせました。黄金色の太陽神を象徴。この石を装飾品で使用する場合、金を併用することでパワーが増幅するといわれています（双方が太陽の象徴とされているため）。中世からルネサンス期には有名な医師や神秘家たちが揃って著書に「この石は熱湯を冷ます」と記しています。古代エジプトでは、太陽の宿る石としてファラオが愛好しました。占星術におけるヒーリングを金星とする意見もあります。

［日本＝八月の誕生石］

◆ヘリオトロープ（ブラッドストーン）

和名は「血石」。「血玉髄」と呼ばれる古い歴史と伝説を持つ鉱物の一つ。ヘリオトロープは「太陽」と「向く」を合わせた言葉が語源。「太陽に向かう」、「太陽の方を向く」などの意味を持ちます。ヘリオトロープを太陽に向けると赤く反射することから太陽と関連付けされました。

ヒマワリに変わるクリティ

ラ・フォス画　1688年頃
ヴェルサイユ宮殿美術館

花伝説でも太陽を向くという、ヒマワリ（向日葵）の伝説が、この石ともかかわってきます。海の妖精クリティは、東の空から光の御車に載って、大空を駆け抜けるアポロンの神々しい姿に見とれていました。まばゆいばかりの美男子でしたから、海の潮がひいていくのも気がつきません。海に帰れなくなったクリティの足には根が生えて、やがてその根からヒマワリが咲いたというのです。この話は一方でヘリオス（アポロンの息子とされる）に取り替えられ、花も「ヒマワリ」から「ヘリオトロープ」になって、もう一つの花伝説を生みます。

ちなみに、鉱物のヘリオトロープの宝石ことばも、花のヘリオトロープの花ことばも、ともに「献身」です。

ヘリオトロープは「ブラッドストーン」という別称がありますが、これは「血の石」の意で、キリストが処刑された時、十字架の下にその血がしたたり、この石が生まれたとされているためです。濃緑の中に赤い斑点があることから血に結び付きこの名の語源となりました。占星術では血は火星を意味することから、「ブラッドストーン」と呼称される場合、火星の星座石として分類されることがあります。

［イギリス、アメリカ＝三月の誕生石］……宝石ことば「献身、すべてをあなたに」

［月の象徴石］

［占星術のマーク］

月＝・反射と反応を表す
・気質と感情の決定
・母性と妻の象徴

月神に捧げる色（白、乳白色、銀色）を基本とし、母性と純潔を象徴する鉱物が選ばれました。その代表的なものは次の通りですが、月は蟹座を支配することから、月の象徴石の多くは蟹座を象徴する星座石に組み込まれています（［★］はその代表的なもの。134頁「蟹座の星座石」参照）。

◆パール（真珠）［★］

古来、太陽はダイヤモンドで王のシンボル（昔はダイヤモンドは男性のものだった）に対し、月は王女のシンボルとして愛されてきました。その優しい輝きを放つ真珠は「月の雫」と呼称され、異性運を運び、永遠に女性美を保つと信じられています。真珠は日本でも神話の時代から「白珠《しらたま》」と呼ばれて高貴な人々のシンボルとして珍重されてきました。月が潮の満ち引きをあやつることから、潮の恩恵を受ける真珠は、健康のシンボルとして、また女性の生理周期も月が支配しているという考えから命にかかわる長寿、福徳の象徴。欧米では大人として、社交界にデビューする時に、母親からプレゼントされる伝統もあります。日本でも冠婚葬祭すべてにOKという、宝石のクィーンとして存在。また、真珠が「純潔・処女のシンボル」とされる理由として、ギリシャ神話では月神アルテミスが独身を貫いたことに起因しているといわれています。また、キリスト教ではマリアの象徴石（マルガリータ）とされたことによります。真珠を愛したイギリスのエリザベス一世は処女王として有名です。

［日本＝六月の誕生石］……宝石ことば「富と健康、長寿」

アルテミス

コレッジョ画　1519年頃
パルマ、サン・パオロ女子修道院壁画

エリザベス1世

作者不詳　1585年頃

◆コラール（珊瑚）

珊瑚は多くの種類があり、色によって用途が決められたものもありますが、真珠と同じようにすべてが「月の象徴」になっています。黒珊瑚は西インド諸島、オーストラリア、太平洋諸島の沖合に産し、白珊瑚とともに法事や葬儀などのときにも（ネックレスや数珠などで）使用。人の命を支配する月のパワーが魂を鎮め、亡き人との穏やかで優しい魂の交流を助けてくれるとされています。ボケといわれるピンク珊瑚や、血赤（紅）珊瑚は厄よけとして珍重され、真珠と同じように東洋七珍に選ばれています。

［日本＝三月の誕生石］……宝石ことば「幸福、長寿、知恵」

＊色には無関係な月の象徴石

同じ種類の鉱物でも、色によって名称やヒーリングが違うことから、星座石では色彩による分け方が基本になっています。一方で色彩に関係なく、その石が持つ象徴性から星座が決められたものがあります。後者の代表が真珠と珊瑚だといえます。真珠や珊瑚には多くの色がありますが、支配星は「月」と決められていて、蟹座以外には色による星座区分はありません。その理由は、双方とも有機質で、水に育つことにあります。古来、月と海水の干満が真珠や珊瑚を育てると考えられていた先人たちの月信仰にも起因しています。その伝統と価値観から世界の五大宝石にも東洋の七珍にも選ばれています。日本でも特に白は冠婚葬祭のいずれにも使用可能な唯一の宝石として価値を誇っています。

◆ムーンストーン（月長石）

この石の光が月の満ち欠けによって大きくなったり、小さくなったりすると信じられた（プリニウスの『博物誌』やアルベルトゥスの『鉱物書』にも、この石が月の満ち欠けによって形が変わると記述されている）ことや、シラー効果による穏やかな光が月に似ていることから、「月長石」と呼ばれています。古来、この石には月の光が宿っていると信じられ、暗い夜を照らす宝石として、持ち主の夢魔を追い払い、夜に出没する様々な悪霊を避ける石として大切にされてきました。また、満月のとき、この石を口に含み月の女神に祈ると念願が叶い、恋人に恋の行方を予知する力を与えるといわれています。特にインドでは神聖視され、売買される時は黄色い布にのせて客の前に出されたといいます。ムーンストーンは古くは「セレニテス」と呼称されていました。これは「セレナイト（透石膏）」から出た言葉であることから、古代は同じ鉱物だと考えられていたと思われます。

「イギリス、アメリカ＝六月の誕生石」……宝石ことば「愛の予感」

アルテミス

ブーシェ画《ディアナの水浴》部分
1742年　ルーヴル美術館

◆ラブラドライト

太陽の英知と月の芸術的なひらめきを与えることから「賢者の石」。また虹の色を放つことから、スペクトロライトとも呼ばれています。ラブラドライトという名前は、この石が最初に発見されたカナダのラブラドル半島にちなんでつけられました。この石の特有の光の効果をラブラドレッセンスといい、美しい蝶の羽、あるいは青アワビの貝のような輝きを示します。この美しい輝きは、特に月の媒介によって放たれる他の惑星からのメッセージだと信じられてきました。近年人気の星座石の一つです。

◆セレナイト（透石膏）

無色透明な石膏で、古くから感受性を高め、芸術的感性の増強、洞察力の強化など月のパワーを受け止める石とされています。セレナイトの語源はギリシャ語の月（セレネー）に由来。ほんのりと真珠に似た光沢と柔らかい光が月のイメージを象徴。

◆ホワイト・カルセドニー（白玉髄）

腎臓状やブドウ状、あるいは鍾乳状の形で産出される瑪瑙《めのう》の親戚です。白色で透明、あるいは不透明なものをいいます。身につけると、清楚ですが女性らしい、存在感のある立場に導いてくれるといわれています。

◆ミルキー・クォーツ

乳白色の優しい輝きは月のパワーを受け止め、霊感を高めるといわれています。独特の輝きは内包された液泡のインクルージョンによるもので、カボションカットにすると、オパールと間違えるほどです。

◆アクアマリン（藍玉）

ベリルの一種で、淡い水色から濃い青まで、マリンブルーの色をしたものをいいます。ラテン語の水を意味するアクアと海を意味するマリンに由来します。古代には、漁夫たちが海難事故や海賊に襲われないために、お守りとして身につけたといわれています。潮の満ち引きは月が支配することから、月の石に選ばれました。特に、淡い色は月に、濃い青は金星に捧げられています。占星術では古くは水瓶座、現在では魚座の守護石とする見解もあります。

［日本、イギリス、フランス＝十月の誕生石］……宝石ことば「沈着、聡明」

◆ホワイト・オパール〔旧・火星〕

オパールは色に関係なく、冥王星（旧・火星）の象徴石でしたが、近年、それぞれの解釈から、ファイア・オパールを火星、ブラック・オパールを土星、ホワイト・オパールを月の支配を受けるとする意見が主流になっています。

［日本、イギリス、フランス＝十月の誕生石、ドイツ＝十一月の誕生石］……宝石ことば「希望、無邪気、克己」

［火星の象徴石］

［占星術のマーク］

火星＝・情熱、突然の災難
・活動的、衝動的、肉体的エネルギーの象徴

火星に捧げる色（赤）を基本とし、火星のパワー（勇気と行動力）を象徴する石が選ばれています。火星は牡羊座と蠍座を支配することから、火星の象徴石の多くは牡羊座・蠍座を象徴する星座石に組み込まれています（［★］はその代表的なもの。118頁「牡羊座の星座石」、152頁「蠍座の星座石」参照）。

◆ルビー［コランダム］［★］

ルビーは、その色から、血、火、炎などと結び付き、ギリシャ神話では炎と情熱の軍神アレースが宿る石とされて、闘争心をかりたて、行動力を高めるとされています。インドのヒンドゥー教の聖典『リグ・ヴェーダ』では、ルビーは英雄神クリシュナに捧げる石とされています。ルビーを捧げて礼拝する者は来世には力のある国王になれると記されていることからも、古代においてもルビーの高い価値観をうかがい知ることができます。また、永劫《カルパ》の木に熟した果実は、沢山のルビーで表されています。その赤は血（命）の象徴であり、永劫はルビーの硬さ（ダイヤモンドに次ぐ）を象徴。また、ビルマ（現・ミャンマー）ではルビーはドラゴンの卵から生まれ、「ルビーの中には永遠の焔がとじこめられていて、それをどんなもので包んでも中から光が通り抜けるし、水の中に投げ入れると水が煮え立つ」と、火と熱を象徴しています。

ルビーは熱と火の象徴であることから暑い七月の誕生石に選ばれています。そのために太陽に支配を受ける「獅子座」に加える関係者もいます。しかし、獅子座は古代から太陽神の象徴色として透明石が選ばれ、後にオレンジが加選されています。色彩のもつパワーは、赤（血、闘争心、激しさ、情熱、熱さなど）とオレンジ色（暖かさ、明るさ、陽気）とでは大きくその方向が違うことに配慮したと思われます。赤色とオレンジ色の違いは、そのまま火星神アレースと太陽神アポロンの性格の違いだからです。そのスピリチュアルな部分を解釈して読み解いていくところに占星術に基礎を置いた星座石の深い面白さがあると思えて仕方ありません。

［日本＝七月の誕生石、イギリス、アメリカ＝三月の誕生石］……宝石ことば「情熱、仁愛、威厳」

◆レッド・スピネル（紅尖晶石）

透明紅色がルビーに似ていることから古くはルビー・スピネルと呼称。名称は尖った形の結晶であることから「尖った」を意味する spina に由来します。十八世紀までは、ルビーだと考えられていましたので、それ以前のルビーといわれるものにスピネルが混じっていた可能性も考えられます。世界で最も有名なルビーは、ヘンリー五世の所有した「黒太子《ブラック・プリンス》」で、現在イギリス王室の宝器とされています。実はこの宝器は、スピネルでした。

「黒太子」は、本来、戦争ばかりをして生涯を送ったといわれるエドワード三世のあだ名でした。彼は、一三六七年にナエラの戦場でスペイン王に味方したお礼としてルビー（実はスピネル）をもらいましたが、まもなく病死したため、誰いうとなくこの宝石も「黒太子」と呼ばれるようになりました。その後、「黒太子」はヘンリー五世のものとなっていました。ヘンリー五世はアジンコートの戦いの時、ルビーには戦いの守護神（火星神アレース）が宿ると信じていたので、鎧に縫い付

エリザベス２世の王冠
中央を飾る「黒太子」

けて戦場に臨みました。その戦いで彼は馬から突き落とされて危うく命を落とすところでしたが、鎧が致命的な一撃を防ぎ、命拾いしたのでした。彼は大勝利を得てフランス領土の半分を手に入れ、王位継承権を確保。トロア条約を結んでフランス王家のカトリーヌ・ド・フランスをキャサリン・オブ・バロアとして迎え、ウェストミンスター寺院で王妃としての戴冠式を挙げます。ヘンリー五世の命を救い、愛と野望を叶えた「黒太子」は英国代々の王女の戴冠式の王冠を飾り、英王室の宝器として大切にされています。

◆ファイア・オパール（蛋白石）

オパールは和名で「蛋白石」といいます。これはもともと中国でつけられた名前をそのまま使用したもので、卵の白身のことを意味しています。色味がそれに似ていることからつけられた名前ですが、実は白ばかりでなく、その種類も多く十種類以上に分類され、日本人には人気の高い宝石の一つです。オパールの魅力は「プレイ・オブ・カラー」と呼ばれる遊色効果にありますが、火星に捧げられたのは、赤の美しい色に遊色効果が加わり燃えるような表情を示すファイア・オパールです。火の象徴そのものの情熱の石ですが、有名なものに、ナポレオンの皇后ジョゼフィーヌの持っていた「トロイの炎上」があります。これは最高級品質のファイア・オパールだったといわれています（一九〇五年のブラック・オパールの発見など多彩な色が認識され、中でもブラック・オパールは土星に、白は月に、赤のファイア・オパールは火星に配されるようになりました）。

［日本、イギリス、アメリカ＝十月の誕生石］……宝石ことば「希望」

◆ルベライト［トルマリン］

「ピーシー」の呼称でもお馴染み。トルマリン（電気石）の赤い色をしたものをルベライトといい、特に赤色の濃いものはルビーの代用石として珍重されています。この石の「情熱の点火」という象徴が火星と一致。また、トルマリンは電気を起こすので、色に関係なく古くから雷電神（木星）だったことから、現在でも木星の象徴石に加える場合もあります。

◆ロードクロサイト（インカローズ）

マンガン鉱山でおもな産地がアンデス山脈であることから「インカローズ」とも呼ばれています。その赤い輝きは、炎そのもので、この石の火星から受けるエネルギーはルビーより遥かに高いといわれています。勇気、やる気を起こ

戴冠式に臨むジョゼフィーヌ

ダヴィッド画

1806-7年　ルーヴル美術館

させ自信と富をもたらす石とされています。名称はギリシャ語の薔薇を意味する rhodon と色を意味する chrom に由来。愛を成就させるパワーもルビーに負けていないとも。

◆ガーネット（柘榴石《ざくろ》）

ガーネットは一種類の宝石ではなく、大きく分けて七種類で形成されたグループをいいます（211頁「宝石の種類と色彩」参照）。ガーネットの名はラテン語の「種子」を意味するツブツブが語源で、ザクロをイメージさせることから、和名「柘榴石」となりました。古くから団結を意味する石として、ハプスブルク家などで一族の繁栄を祈り大切にされてきました。また、魔よけとして十字軍の兵士たちが怪我から身を守るために身につけてお守りにしたといわれています。火星に共鳴するのは赤い色ですが、特にパイロープといわれるガーネットはルビーと同様に燃える火星の象徴そのもの。パイロープの語源もギリシャ語の「火」という意味の pyro からきています。戦から身を守る火のガーネットのパイロープが外に向かって立ちはだかるのに比べ、同じガーネットでもアルマンディン・ガーネットは、内に向かって火星のパワーを発揮するといわれています。ロードライト・ガーネットは、パイロープとアルマンディンの中間の成分からなり、色は赤から赤紫で、一般にはアルマンディンよりも明るい色調です。赤は血、血は鉄分、鉄は武器を意味することから錬金術師たちは戦の神アレース（火星神）と結び付けました。また火星は疫病の神でもあったことから、イタリア人の医師カミロス・レオナルドゥスの著『宝石の鏡』（一五〇二年）にもガーネットの効能について書かれています。「持ち主が有毒な、あるいは伝染病の大気にふれても冒されない。」また、同じ時代の半ば（一五六一年）に書かれたといわれる『自然の魔術』（ジョヴァンニ・バチスタ・デッラ・ポルタ著）にも「首にさげていると、流行病と雷電を避けることができ、心臓を強くし富と名誉を得る」とあり、火星との関連を示唆しています。

［日本、イギリス、アメリカ、フランス、ロシア、イタリア＝一月の誕生石］……宝石ことば「貞節、真実、友愛」

◆リアルガー（鶏冠石《けいかんせき》）

名称の由来は赤い不透明色が鶏の鶏冠《とさか》に似ていることに起因。古代のエジプト人は温泉の中からこの石を見つけ、砕いて顔料を作り出したといわれています。温泉は治療、顔料は魔よけの意味もあり（もともと虫よけ、日よけの意味があったとされる）、この石を火星と結び付けた古代バビロニアでは、火星が疫病と死を意味する神であったことを彷彿とさせます。

◆ヘマタイト（赤鉄鉱）

粉末にすると血赤色になることから、ギリシャ語のハイマトス（血）に由来。ヘマタイトは鉄を

ギリシア神話の神々
アレースとアプロディテ（中央）
ヘルメス（右端）

マンテーニャ画《パルナッソス》
1495頃-97年　ルーヴル美術館

含むことから、兵器に結び付き、戦の神アレースに関連付けられます。古代から「勝利の石」、「戦いの石」として護符とされてきました。プリニウスは「戦場に出向くときこの石で身体をこすっておくとこの上ない恩恵を受けることができる」といっています。同じくマルボドゥスも、「この石は人間に対して仁愛な性質を備えていて、血液剤となり、月経の苦痛を抑える、また視力の弱まった眼をこの石でなでると、群がる暗雲が散らされて日の光を見ることができる」と、その効用を述べています。中世の錬金術師たちも鉄や磁石を火星と結び付けて考えていました。

◆紅翡翠［ジェダイト］

翡翠《ひすい》といえば緑色と思い込みがちですが、実は、濃淡の緑色のほかに、白、紫、青、赤、橙、黄、黒など七色以上の色があります。漢字の「翡」＝赤、「翠」＝緑を意味しています。翡翠はカワセミとも読みますが、カワセミは川のそばに生息する鳥で、羽は緑色、腹は赤色、背から尾にかけて青色をしています。この鳥の名前を宝石名にしたことをみても、紅翡翠の存在を知ることができます。翡翠（ジェード）は色に関係なく、硬玉のジェダイトと軟玉のネフライトがあります。ふたつは別の鉱物で、本翡翠と呼んでいるのは、ジェダイトの方です。ちなみにジェード jade はスペイン語の「腹痛の石」を意味する piedra de ijada に由来（翡翠は腹痛に効くとされた）。世界の多くの国で神の宿る石として崇められてきました。特に紅い翡翠は女性のお守りとして、魔よけ、特に病魔を祓う役目も果たしていました。火星は疫病に関係もあったことから、紅翡翠は当然のように火星に組み込まれました。

紅翡翠は紅珊瑚と（どちらもカボションにされることが多いので）良く似ていることから紅珊瑚を火星の象徴石に加える意見もありますが、占星術では紅翡翠は火の宮、珊瑚は水の宮と決められています。つまり同じ赤でも、そのエネルギーの方向が違うことから、紅珊瑚が火星に組み込まれることはありません。珊瑚は満月の夜に卵を生むことから、その色に関係なく月の象徴石に組み込まれています。

［日本＝五月の誕生石］……宝石ことば「福徳、福財」

◆ロードストーン（天然磁石）

磁鉄（マグネタイト）の中で天然磁石を形成している鉱石をロードストーンといいます。宝石の仲間には入っていませんが、古代から神秘家たちに護符や薬として重用され、プラトンやプリニウスもその神秘性（磁力による）を述べています。近頃は、健康装飾に利用する人が急増。磁石をマグネットといいますが、古代にマグネシア（小アジア）が産地だったことから「マグネティス」と呼ばれていたのが語源とされています。ヘマタイトと同様にその磁石の神秘が古代より火星と結び付けられています。中世の錬金術師たちも鉄やヘマタイトと同様に火星に結び付けました。

◆レッド・ジャスパー（赤玉石）

中世の哲学者でキリスト教の高僧アルベルトゥス・マグヌスは、著書『鉱物書』の中でイアスピス（ジャスパー）は古くから「聖なる石」として崇められた石で、身につけると太陽エネルギーと共鳴して大きな保護力が生まれ、特に赤色は判断を正しい方向に導くと著しています。太陽と共鳴するとは、太陽の光で暖かくなると、血のめぐりが良くなるということでしょうか。レッド・ジャスパーのその赤が、鉄分を多く含むことから生まれているとして、古代から血止めのお守りにされていました。この石を血と関連付けて火星の象徴石に組み込まれました。

［水星の象徴石］

［占星術のマーク］

水星＝・知力、言語能力
・情報の伝達
・コミュニケーション能力の象徴

水星に捧げる色（主に黄系）を基本とし、知識と理論、理解力にポジティブな表現力、そして、コミュニケーション力を象徴する鉱物が選ばれました。水星を象徴する鉱物の代表的なものは次の通りです。水星は双子座と乙女座を支配することから、水星の象徴石の多くは双子座・乙女座の星座石に組み込まれています（［★］はその代表的なもの。128頁「双子座の星座石」、142頁「乙女座の星座石」参照）。

◆トパーズ（黄玉）［★］

トパーズの名はギリシャ語の「探し求める」に由来しており、豊富に採取されていた紅海の島々を、船乗りたちにとっては探すのが極めて困難な深い霧に包まれていたため「トパーズ」島と呼んでいたのが語源とされています。探し求めるの延長線に宝石ことばの「友愛」があります。愛も友情も探し求めるのは困難であることから「探し求める」に語源を持つトパーズの宝石ことばに選ばれました。コミュニケーションの神にふさわしい石といえます。

「イギリス、アメリカ、フランス＝十一月の誕生石」……宝石ことば「友愛、希望」

◆シトリン（黄水晶）

日本では黄水晶をトパーズの代用石としている人が多いようです。インペリアル・トパーズは貴重で手に入りにくいのに比べ、シトリンは入手しやすいことに要因がありそうです。見た目には、どちらも透明な黄色ということで、区別しにくいのも事実。水星の加護を受けるという点では同じですが、パワーは微妙に違いを見せます。トパーズは内面に強く働きかけるのに対してシトリンは金運を招くといわれています。円滑な人間関係を築こうとすれば金運は必要ということでしょうか。

◆イエロー・ベリル、ゴールデン・ベリル

水色のアクアマリンや緑のエメラルド、無色のゴッシェナイトなどと同族。色によって呼称が違います。黄色のベリルの他に、トパーズによく似たゴールデン・ベリルも水星に捧げられました。ベリルの発する黄色の光は心も外見も特に美しさを導き出すことに威力を発揮するとされています。美しい心から発せられる言葉は、真のコミュニケーションを導く第一歩。

◆ゴールデン・サファイア［コランダム］

十九世紀の終わりまでサファイアと呼称するのは、青いコランダムだけでした。黄色い「イエロー・サファイア」は「オリエンタル・トパーズ」と呼称。占星術では青いサファイアは土星の象徴です。それに対し黄色いトパーズやサファイアは、水星に配されるようになりました。その水星の黄色は水星に支配される双子座と乙女座にそれぞれ組み込まれていきました。ひとことに黄色石といっても石の持つヒーリングは様々。ゴールデン・サファイアの黄はギラギラ輝く夏の黄。大地の黄、間近に迫ったまばゆい実りを象徴する黄です。夏の宮で地の宮であり、収穫を見守る乙女座に配されました。

◆カナリー・ダイヤモンド

ダイヤモンドは地上で一番硬い鉱物で、その光沢と美しさは宝石の中でも最も高い価値を誇っています。そのダイヤモンドには、黄色、褐色、緑、青、ピンク、赤、黒など多くの色があり、色合いを増すものをファンシーカラーと呼称していますが、その中で、特に黄の美しい色合いを見せるダイヤモンドをカナリー・ダイヤモンドと呼称し、珍重されています。

◆イエロー・ジルコン

古くから黄色はコミュニケーションの色としてコミュニケーションの神（ヘルメス）に捧げられ

幼いバッカスをニンフたちに託すヘルメス

ブーシェ画《バッカスの誕生》
18世紀中頃　ウォーレス・コレクション

ていました。中でも黄色の透明石は会話や楽しさを人と分かち合う能力を刺激してくれるとして珍重されてきました。ジルコンは古代のカルデア人がヒヤシンスと呼んで大切にしていました。

◆トパゾライト（黄柘榴石）

水星の代表的な象徴石トパーズに似ていることからこの名があります。ガーネットグループのなかのアンドラダイト・ガーネットに属する黄色の石です。緑のデマントイドと色違い（同じ種類に属する）であることから、「イエロー・デマントイド」と呼称する場合があります。おもにイタリアで産出され、デマントイド同様に稀少な石の一つとされています。

◆イエロー・ジェダイト［翡翠］

ジェダイト（本翡翠）の中でも黄色のものが、水星に捧げられています。また中国では、儀式の性質によって、それぞれ違った宝石を縫い込んだ黄色い帯を着けて臨み、地の神を祀る時は、（中国は黄土なので）黄色の翡翠を使用したといわれています。水星に支配される乙女座も、大地の収穫を表す（黄色い）麦の穂を手にしていることから、星座石に黄色の翡翠が選ばれています。

◆アゲート全般（縞瑪瑙）

アゲートという呼称はイタリアのシチリア島のアカテス川付近から多く採れたことに起因してい

ます。和名「瑪瑙《めのう》」は、この石の産状が馬の脳に似ていることからつけられました。古来、瑪瑙の作り出す様々な縞模様は天界と人間界をつなぐメッセージとされ、伝令神・水星に捧げられました。対人関係によって起こるトラブルを解消し意志の疎通をはかるなど、人生の多様な選択肢を示唆してくれるといわれています。コミュニケーションの内容によって色分けされ、特に、サードニクス（赤白縞瑪瑙）は夫婦の和合、イエロー・アゲート（黄瑪瑙）は仕事の円滑な関係、グリーン・アゲート（緑瑪瑙）は恋愛関係、ファンシー・アゲート（各種縞模様の瑪瑙）は友情を守護。

◆イエロー・カルセドニー、イエロー・ジャスパー

アゲートが縞目の瑪瑙を指すのに対し、色の比較的一様なものをカルセドニーといいます。また、不純物が二十パーセント以上ある不透明なものをジャスパーといいます。このカルセドニーもジャスパーも、黄色のものが水星の象徴石です。

◆プレーナイト（黄葡萄石）

プレーナイトのカラーは主にオリーヴグリーンで、半透明が多いのですが、黄色のものや、褐色系のものもあります。ブドウ状で産出されることから、日本語で「葡萄石」と呼称。プレーナイトはヨーロッパにこの石を初めて紹介したフォン・プレーンの名にちなんだものです。頭脳を明晰に導くといわれ、水星の頭脳の回転の早さにもイメージが重なります。

◆イエロー・オーソクレース（正長石）

黄色のオーソクレースは硬度六。割れやすいので細かいカットをさけ、ステップカットされる場合が圧倒的です。名称はこの石が劈開が分かりやすいことから、ギリシャ語の「まっすぐな割れ目」に由来します。透明な黄色い輝きは（頭脳の回転の早い水星と響き合うように）直感力を導くとされています。

◆ローディサイト

特にマダガスカルのペグマタイト鉱床（トパーズ、ベリル、トルマリン、コランダムなど主要鉱物の大部分を産出する鉱床）で産出される、透明ないし半透明の淡黄の石です。あまり知られていませんが、産地では古来より雨量や農業などの占いに使われていたといい、高度八・五という硬さです。水星に支配される乙女座とは切り離せない古い伝統があります。古代カルデアの乙女座は、少女たちが麦のタネを蒔く時期を知らせる合図の星でした。やがて、ギリシャ神話になると乙女座は、収穫の女神の娘ペルセポネの姿とされました。天空に描かれたペルセポネは手に麦の穂を持っています。

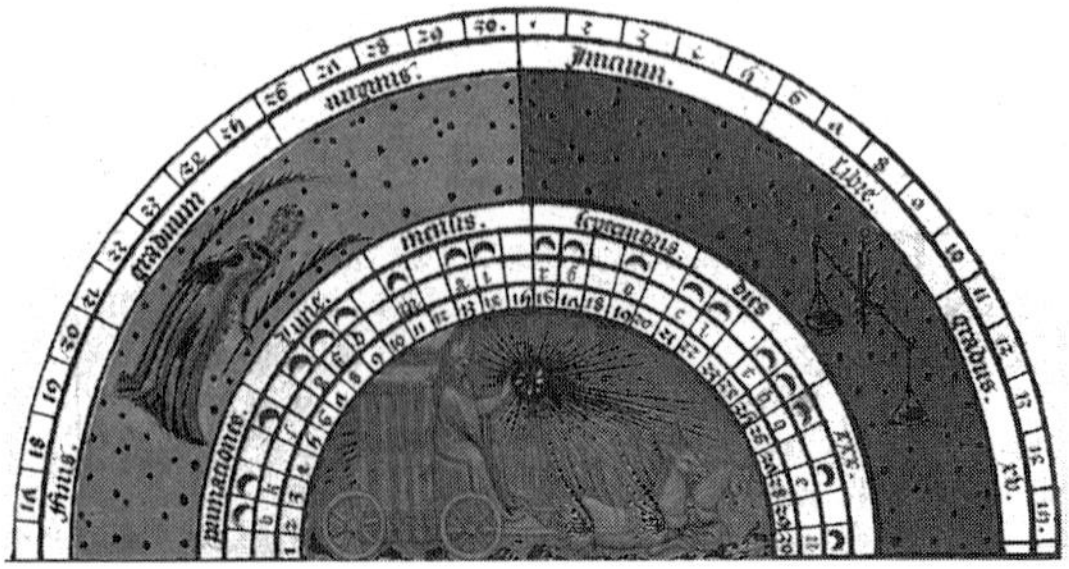

暦に描かれた乙女座と天秤座

『ベリー侯のいとも豪華なる時禱書』
1411-86年頃　コンデ美術館

［木星の象徴石］

♃

［占星術のマーク］

木星＝・成功の援助
・法律と秩序
・幸運と善の象徴

木星神に捧げる色（紫）を基本とし、権威と敬意を象徴する鉱物が選ばれました。主な象徴石は次の通りです（木星は射手座と魚座を支配することから、その多くは射手座・魚座の星座石に組み込まれました（［★］はその代表的なもの。156頁「射手座の星座石」、168頁「魚座の星座石」参照）。

◆アメシスト（紫水晶）［★］

水晶の中でも紫色のものをアメシストといいます。本来は葡萄酒を意味する「メッウ」（メチルアルコールの語源）が「酔う」の「メタス」に変化し、それを否定形にして「アメテュストス＝酒に酔わない」になったとされています。また、ギリシャ神話の酒の神バッカスがアメシストという少女を紫の水晶にしたという伝説からその名前がついたとも。古代から紫は位の高い高貴な色として使用されていたことから、アメシストも皇帝や高僧に愛され、儀式としても、宗教的にも多く使われてきました。大神ゼウスを象徴する紫の代表石といえます。

［世界の誕生石系統のほとんどの国＝二月の誕生石］……宝石ことば「誠実、心の平和」

◆スギライト

スギライトはブラウン、グレー、ピンクなど多様な色がありますが、一般的には紫石の代名詞となっています。鉱物の中でも紫色は比較的少ないことから、発見されるとすぐに、アメシストに続く紫の代表石として星座石に組み込まれました。昨今、急速に人気の高まりをみせるスギライトは、ヒーリング研究者の間でも、近年発見された数少ない癒し石の一つと評価。特に濃厚な紫色が珍重され、アメリカを中心に人気が広まっています。一九七六年に瀬戸内海の岩城島でうぐいす色が発見されました。その後、南アフリカのケープ州で紫色が発見され、日本で発見されたものと同じ鉱物であると判明。名前の由来は、最初に発見した岩石学者が、自分の師匠の杉健一氏に敬意を表して命名。

◆ラベンダー・ジェダイト［翡翠］

翡翠といえば、緑というイメージが強いのですが、緑以外の色も沢山あります。中でも薄紫のも

ゼウス

アングル画
1811年　グラネ美術館

のは、ラベンダー・ジェダイトと呼称され、世界で愛好者が急増。特にその上品さは、欧米でも注目を浴びています。中国では翡翠を王の宝石ということで玉《ぎょく》と呼んで大切にしています。紫の翡翠は、天空の王・木星と結び付きました。ちなみに緑の翡翠は金星と結び付きました。

◆バイオレット・サファイア［コランダム］

ルビーやサファイアと同じコランダムという鉱物からできています。コランダムは多くの色があり、その色によって名前が異なります。赤いものはルビー、赤以外のものをサファイアと呼称します。また、その中で青以外のサファイアをファンシー・サファイアといいますが、特に紫色のものをバイオレット・サファイアと呼び、近年人気の高い宝石の一つです。高貴な色といわれる紫系バイオレット・サファイアは、高貴な星座の木星にぴったりといえます。ちなみにルビーは火星、サファイアは土星、黄褐色のゴールデン・サファイアは水星に結び付けられています。

◆クンツァイト（ゆう輝石）

スポデューメン（通常は黄色〜帯緑黄色）の中で、美しいライラック色の石をクンツァイトといいます。有名なアメリカの宝石の権威者クンツ博士の名にちなみ命名されました。木星に捧げるにふさわしい薄紫の宝石。スポデューメンは、ギリシャ語で「燃えて灰になる」の意味。ちなみに美しいエメラルドグリーンものを「ヒデナイト」といいます。

◆シリマナイト（珪線石）

アンダリューサイト（紅柱石）とカヤナイト（藍晶石）とは同質異像です。ファイブロライトとも呼称。インドが主産地ですが、ミャンマー産の淡い紫色の石が、木星に結び付けられています。

◆パープル・スピネル

スピネルは、多くの色に恵まれていながら、あまりにも人気の高いコランダム（ルビーやサファイアなど）に酷似していることから、なかなか表舞台で注目されることがありませんでした。稀少性はコランダムより高いといわれていますが、産地もコランダムと同じところで見つかることが多く、それだけに、昔は間違わ

木星の観測

クレーティ画　1711年
ヴァティカーノ絵画館

れることもかなりあったといわれています。木星に捧げる石のパワーも最高クラスで、コランダムのバイオレット・サファイアとほとんど同じだといわれています。木星との関係を彷彿とさせる記述をカミルス・レオナルドゥスは『宝石の鏡』（一五〇二年）で、「バラシウス（現・スピネル）は紫または薔薇色の焔と輝きをもっている。（中略）この石は肝臓の不調を直し、さらに驚くべきことは、みなさんが、この石を家屋の四隅、庭や葡萄園などにふれておくと、落雷、嵐などの被害から免れる」と述べています。紫は木星の象徴色ですが、当時、占星術や錬金術師たちは、身体も星座と関連していて、肝臓は射手座が支配しているとしていました。占星術では射手座は木星の支配を受けていましたので、紫のスピネルが肝臓に影響を与えると述べていることは、レオナルドゥスが占星術を意識していた証拠と考えられます。雷から逃れることができるとしたことからも、木星神ゼウスが雷神であることに関連付けられていたことがうかがえます。

◆シベライト［トルマリン］

トルマリン（電気石）の中でも赤紫色のものをシベライトと呼称します。木星の守護神は、電光と雷電で天を支配するゼウスであることから、紫系のトルマリンと木星の結び付きは最強といえましょう。

◆パープル・スカポライト

スカポライトはその結晶が短柱状で棒のようであることから、その名もギリシャ語のScapo（棒）に由来。クリソベリルと間違いやすく注意が必要ですが、ピンクや紫にはキャッツアイ効果のあるものが見られます。上品なそれらにはカボションカットが似合います。

◆キャシテライト（錫石）

キャシテライトの名はギリシャ語で錫を意味する言葉に由来。透明な赤褐色で金剛光沢。宝石として使われるものはごくわずかですが、占星術上、重要な意味を持ちます。マレー半島、ドイツ、オーストラリア、ボリビア、メキシコなどで産出され、中世の錬金術師たちは、錫と木星を関連付けて考えていました。

◆チャロアイト

紫色の鉱物は他の色に比べ割合として少ないのですが、その中で近年若い人に人気のでてきた紫の石です。以前は彫刻などに使用されていましたが、約三十年前（一九七八年）に新しい鉱物として改めて認定されて以来、宝飾品としても注目されるようになりました。淡紫色から鮮紫色まで見られ、名前の語源は産地であるロシア語で「魅力的」を意味するcharoに由来（シベリアのチャロ川流域で発見されたことからという説もあります)。不透明石ですが、ガラス光沢を持つ穏やかな印象の石です。

◆パープル・アキシナイト(斧石)

斧石という呼び名は、鋭い刃の斧の頭部の形をした結晶の形をしていることによります。一般的には鉄分で褐色(ブラウン・クォーツと間違えやすい)ですが、鉄分が少ないと紫色になります。鉄は武器を象徴、鉄を排除した紫は平和のシンボルとして木星に与えられたと思われます。

［金星の象徴石］

［占星術のマーク］

金星＝・愛欲、快楽的、恋人
・洗練された品位
・調和と美の象徴

金星神に捧げる色（緑、青）を中心に、愛と芸術を象徴する鉱物が選ばれました。主な象徴石は次の通りです。金星は牡牛座と天秤座を支配することから、その多くは牡牛座・天秤座の星座石に組み込まれています（［★］はその代表的なもの。122頁「牡牛座の星座石」、148頁「天秤座の星座石」参照）。

◆エメラルド［★］

カルデア人たちは、エメラルドは自然の再生力（蘇らせる力）があると信じ、再生のシンボルとされる女神に捧げました。それはギリシャのアプロディテからローマのウェヌス（英語のヴィーナス）へと受け継がれました。エメラルドはベリル（緑柱石）の一種で、緑色をエメラルドと呼び、薄い緑や、青いもの、緑がかった青などはアクアマリンと呼称しています。そのほか、淡いバラ色のものはモルガナイト（ローズ・ベリル）と呼ばれています。エメラルドは、サンスクリット語の「スマラカタ」がギリシャ語、ラテン語を経て古代フランス語「エスメラルド」となり、これが変化して英語の「エメラルド」になったとされています。ちなみにエメラルドは再生力の旺盛な五月の誕生石に選ばれています。

［日本、アメリカ、フランス＝五月の誕生石］……宝石ことば「幸運、夫婦愛」

◆翡翠（ジェード）

古来、中国では翡翠《ひすい》は玉《ぎょく》と呼ばれ、特別の意味を持っています。七福神の中でも、中国の神とされる福禄寿が宿る石としてお馴染みです。また、福禄寿は金星に宿るとされることから、緑の翡翠は金星に捧げる石とされてきました。占星術でもジェードは金星に捧げる石とされていますが、ギリシャ神話でも愛と再生力のアプロディテ（ヴィーナス）女神に捧げられてきました。ジェードが古くから癒しの石として利用されていたことは、その名称からも知ることができます。実は英語のジェードという呼称は複数の緑色の半透明石の包括的な呼称で、実際には、本翡翠といわれる硬玉をジェダイト、軟玉をネフライトと呼んでその質を区別しています。ジェードはスペイン語の「腰（腹痛）の石」という意味に由来。またネフライトは「腎臓」という意味のギリシャ語を語源としているといわれています。これは南米のインディオたちがジェードを腰や横腹にあてて、温石《おんじゃく》として身体を温めて病気の治療に利用していたのを、征服したスペイン人たちが持ち帰ったためといわれています。

［日本＝五月の誕生石］……宝石ことば「福徳、福財」

◆デマントイド（アンドラダイト・ガーネット）

ガーネットの中で、最も稀少価値があるとされる石で、美しく緑色に輝く透明な宝石です。ウラル山脈で良質なものが産出されるために、ウラル・エメラルドと呼ばれることがあります。

ヴィーナスの誕生

ボッティチェリ画　1485年頃
ウフィッツィ美術館

◆グリーン・グロッシュラー（ツァボライト）［ガーネット］

名前のグロッシュラーは西洋スグリを指すグーズベリーに由来。透明な単結晶で産するものと塊状で産するものがあります。特に塊状で南アフリカ産（主にトランスヴァール）のものは翡翠に似ていることから、トランスヴァール翡翠と呼ばれています。また、ケニアの鉱山で採掘されている透明なグリーン・グロッシュラーは、ツァボライトと呼ばれて珍重されています。

◆クリソプレーズ（緑玉髄）

クリソプレーズの語源はギリシャ語の「金緑」。瑪瑙《めのう》の中でも無地のものをカルセドニー（玉髄）といい、特にニッケルによって着色された緑色のものをクリソプレーズといいます。翡翠とよく似ていて、オーストラリアが主産地であることから、「オーストラリアン・ジェード」と呼ばれることもあります。また青リンゴのような清涼感のあることから、「アップルグリーン」とも呼称されています。日光で退色すると、特に翡翠と混同されやすくなります。歴史を持つ石で、紀元前三三二年にアレキサンドリアを建設したアレキサンダー大王が護符とした石といわれています。ローマ時代にはカメオなどの彫刻をほどこした飾りものとして用いられました。カメオには女神の姿が多く描かれています。

◆マラカイト（孔雀石）

マラカイトの語源は、その緑色が植物のゼニアオイに似ていることから、ギリシャ語の「マラキー」（ゼニアオイの意味）に起因。日本語の「孔雀石」は、孔雀の羽根の模様のような色をしていることからこの名前があります。古代から緑色の絵の具に使われていたので「石緑」とも呼ばれています。銅鉱床から産出。錬金術でも金星は銅と結び付けられていました。

◆アズライト（藍銅鉱）

アズライトのアズは青色の意味。アズールブルー（コバルトブルー）色の銅鉱物で、マラカイトと一緒に産出されることが多くあります。古代人はこの石を砕いて顔料や治療薬として用いていました。マラカイトと同様、銅鉱物であることから（中世の錬金術師たちは銅を金星に結び付けていた）、アズライトも金星に捧げる代表的な星座石の一つとされています。

◆グリーン・アベンチュリン・クォーツ

水晶の仲間です。水晶は石英の結晶ですが、アベンチュリンは熱によって変化した石英の結晶に、緑色のクロム雲母の細かい結晶が混ざってできた石。緑色で、その風合いが翡翠に類似していることから、俗に「インド翡翠」（主産地がインドに起因）と呼称されます。彫刻などを含め装飾品によく使われ、インドのほかにブラジル、シベリアなどでも産出されています。

◆ダイオプテーゼ（翠銅鉱）

透明で美しい緑は、エメラルドとよく似ています。一七八五年にカザフスタンで発見されたときは、エメラルドと間違えられたほどです。それだけに「エメランダイン」などエメラルドをイメージさせるフォールスネーム（紛らわしい名前）をもちます。ダイオプテーゼという呼称は小結晶で小片状のため、ギリシャ語の「透すと見える」という意味の diaopsomai に由来。美しいその輝きも小粒なために、エメラルドに対して控えめに感じられることから、石に冠せられた宝石ことばは「控えめな愛」。

◆ラピスラズリ（瑠璃）

ラピスラズリは東洋の七宝の一つに選ばれています。世界の多くの国で聖なる石として大切にされ、聖なる石は聖なる色として、教会の壁画（システィーナ礼拝堂の天上画）などに絵の具として珍重されてきました。十三世紀頃まではラピスラズリはサファイアと呼ばれ、そのサファイアは青い石の総称でした。当時、サファイアは眼病に効くとされたことから、現在もラピスラズリは目にいい宝石とされています。ラピスはラテン語の「石」を意味し、ラズリはペルシャ語の「青」。日本では「瑠璃色」、「群青色」でお馴染み。ラピスラズリは四種類の鉱物が集合してできた石で、黄金色の小さい斑点は、黄鉄鉱が内包物として取り込まれているためです。

［イギリス、アメリカ＝九月の誕生石］……宝石ことば「健康、愛和」

◆ソーダライト

ラピスラズリを構成する主要な鉱物のためしばしば間違えられますが、違いはラピスラズリの不透明に対し、一般に半透明であることと、ラピスに見られるパイライトといわれる黄金色の点在がないことがあげられます。

◆トルコ石

最古の歴史を持つ宝石の一つ。鉄と銅の含有量によって緑が変化しています。古代エジプト、アステカ、マヤなどで魔よけとして使用されていました。旅人を守る石が、人生の旅を守るにつながり、「成功」の宝石ことばが冠せられています。また錬金術では含有の鉄は火星、銅は金星と結び付けているためトルコ石には「命中」という意味もあり、武器（鉄を含むことから火星が力を貸すので）が命中、恋の矢が命中ということから愛の女神金星に捧げられました。

［日本、イギリス、アメリカ、フランス＝十二月の誕生石］……宝石ことば「成功、命中」

◆ブルー・カルセドニー（青玉髄）
瑪瑙《めのう》の中でも色の比較的単一なものをカルセドニー（玉髄）といいます。カルセドニーの語源はギリシャのカルセドンから産出することからその名がつきました。冷静にして華麗な雰囲気が金星に結び付きました。

◆アマゾナイト（天河石）
ムーンストーンと同じマイクロクリン（微斜長石）に属する不透明に近い青緑色のものをアマゾナイト（アマゾン川にちなむ）と呼称します。青、青緑などありますが、緑のものは、翡翠によく似ているためにアマゾン・ジェードのフォールスネームで呼ばれることがあります。またアメリカのコロラド州で産出されるアマゾナイトは、その緑色が翡翠に似ていることから「コロラド翡翠」と呼ばれています。

◆クリソコラ（珪孔雀石）
クリソコラは銅を含む青、青緑、緑の混じる石です。錬金術では銅は金星と結び付けられていたので、クリソコラも金星と結び付きのある緑石の一つに選ばれています。日本名はマラカイトに似ていてケイ素を含んでいるので「珪孔雀石」と名付けられました。

◆インディゴライト［トルマリン］

トルマリン（電気石）には多くの色があり、それぞれの色にそれぞれ名前があります。青色の濃いインディゴブルーを、インディゴライトといいます。熱を加えると電気を帯びる不思議な性質があります。トルマリンという名で知られるようになったのは、近代（十八世紀以降）のことでこの名では文献に残っていないことから、他の石に包括されていたと思われます。

◆グリーン・ジャスパー（出雲石）

瑪瑙《めのう》質の中に不純物二十パーセント以上含有、不透明なものをジャスパーといいます。島根県で産出されるグリーンのジャスパーは「出雲石」として知られています。魔よけや、招福用の飾り石や置石などにも珍重されています。

◆サーペンティン（蛇紋石）

サーペンティンは、塊状の小結晶の集合体で緑色鉱物の多いものを指します。サーペンティンという呼称は、その独特の形や文様が蛇を連想させることからラテン語の蛇を意味する serpentin に起因。日本名も「蛇紋石」。蛇は脱皮を繰り返すことから、再生を意味し、金星の再生力を象徴。

◆ヒデナイト

その美しさで最近、人気急上昇のクンツァイトと同じスポデューメン（ゆう輝石）です。スポデューメンの中でもライラック色のものを「クンツァイト」、美しい緑色のものを「ヒデナイト」といいます。一九七九年に最初に発見されたノースカロライナ州の鉱山の監督W・E・ヒデンの名から命名されました。スポデューメンは「リシア輝石」とも呼称されることから、リシア・エメラルドと呼ばれることもあります。

◆ルチレイテッド・クォーツ（金紅石）

「恋の矢」、「ヴィーナスの髪の毛」と呼ばれる茶色の細い毛髪のような針状の光る結晶を持つ水晶。恋が叶うと信じられ、ヴィーナス（アプロディテ）とは切り離せない石の一つです。「キューピッド（エロス、恋の使者でヴィーナスの息子）の矢」ともいわれています。オーストラリア、ブラジル、アメリカ合衆国、メキシコなどから産出（針がゴールドであることから、太陽の象徴石に加える研究者もいます）。

◆ピンク・トパーズ

トパーズの起源は、ギリシャ語の「探し求める」topazosに由来するものと、サンスクリット語

ヴィーナスの化粧

ブーシェ画　1751年
メトロポリタン美術館

の火を意味する tapas に由来するものと二つの説があります。黄色透明が一般的で、天然のピンクはまれですが、ピンク・トパーズは愛の女神アプロディテに捧げられています。アプロディテが美しい愛の炎を燃やし、持ち主に輝くばかりの愛を増幅させてくれるとされています。

◆ローズ・クォーツ（紅水晶）

ピンク色の水晶で、古くからカメオなどの彫り物細工をほどこして用いられていました。緑・青系の石が多い金星の象徴石の中にあって、このピンクが柔らかな波動で愛を増幅させ、美意識に働きかける力があることからアプロディテの宿る石（金星の象徴石）の一つとされています。

◆モルガナイト［ベリル］

アクアマリンやエメラルドと同じベリルの仲間で、ローズ系の美しいピンク色のものをモルガナイトといいます。アメリカの銀行家で宝石の収集家だったモーガンの名にちなんで命名されました。

◆ピンク・サファイア［コランダム］

ダイヤモンドに次ぐ硬さを誇るコランダムの赤色をルビーといい、それ以外の色は、すべてサファイアと呼称しています（例外としてオレンジ色を帯びたサファイアをパパラチアと呼称）。色彩的にピンク・サファイアとルビーの境界は専門家でも問題になることが多いといいます。宝石占いでも、ピンク・サファイアは愛を増幅させますが、情熱のルビー（火星）との境界線も微妙といえます（ピンク・トパーズ、ローズ・クォーツ、モルガナイト、ピンク・サファイアのピンク系鉱物は、金星が支配する女性宮の「牡牛座」に組み込まれています）。

［土星の象徴石］

［占星術のマーク］

土星＝・不運、忍耐、禁欲的
・実務能力、努力、
試練の象徴

土星神に捧げる色（黒、茶）を基本とし、忍耐と努力を象徴する鉱物が選ばれました。土星は山羊座と水瓶座を支配するため、後に土星に捧げる石の多くは山羊座・水瓶座に配されました。主な象徴石は次の通りです（［★］はその代表的なもの。160頁「山羊座の星座石」、164頁「水瓶座の星座石」参照）。

◆サファイア［コランダム］［★］

古代インドのヒンドゥー教では七月をサファイアの月と決め、サファイアは土星の影響を受けているので、その持ち主はシャニ（土星神）の恩恵を受けると信じられていました。シャニは冥界に関わり人の運命を左右する神としてヒンドゥー教徒に浸透。サンスクリット語の古い薬物学文献には「サファイアの粉は苦い味で、風と憂鬱症の身体を温め、それを持っているとシャニの怒りを和らげる」と土星とサファイアの関係が記されています。占星術で星と宝石の関係を考え出したカルデア人もサファイアは特に土星に関係がある石としていました（ただし古代の人のサファアは青い石の総称でした）。サファイアは心の平和を生み、純粋な人が所持すると病気、災難から免れると信じられていました。

［日本、イギリス、アメリカ、フランス＝九月の誕生石］……宝石ことば「徳望、誠実、貞操」

◆ブルー・ダイヤモンド

ダイヤモンドには色々な色がありますが、土星に捧げられたのは青いダイヤモンドです。世界で一番有名なブルーダイヤといえば、「ホープ」というダイヤモンドで、現在はスミソニアン自然史博物館に展示されています。もとはインドのラマシータという大仏の額に嵌められていたといわれていますが、本当のことは誰も知りません。そのダイヤをフランスの宝石商で旅行家のタベルニエがどういう経由からか持ち帰り、時の国王ルイ十四世に献上します。王は「フランス帝王の青」と名付けましたが、天然痘で死去したことから、やがてルイ十六世に、そして妻のマリー・アントワネットに受け継がれましたが、王も王妃もギロチン台の露と消えてしまいます。やがて、銀行家のヘンリー・ホープの手に移りますがホープも死亡。その後もダイヤは転々と人手に渡り、手にした人がみんな不幸な死に方をします。第二次世界大戦後に最後の持ち主だったマクリーン夫人も亡くなり、一九五八年にワシントンにあるスミソニアン自然史博物館に寄贈されたのでした。

青いダイヤは不幸を呼ぶとの風評が広まり始めましたが、サファイアと同じように、神聖な石、心を清浄化する石として土星に捧げることで不幸をはねのけるとして浸透。土星が支配する水瓶座に組み込まれました（サファイアと同じように現在はブルーダイヤを金星に組み入れる研究者もいます）。

◆タンザナイト（ブルー・ゾイサイト）

ゾイサイト（ピンク色不透明の「チューライト」、ルビーを含む「ルビー・イン・ゾイサイト」、緑色の「アニョライト」などがある）の中でも透明で濃い青紫のものをブルー・ゾイサイト、またはタンザナイトと呼称（一九六七年にタンザニアで発見されたことによる）。古来、体内の毒素を排除してストレスから解放するとされています。近年人気の宝石です。

◆ブラック・オパール（蛋白石）

オパールはプレイ・オブ・カラー（遊色効果）という七彩の光の効果が、独特の魅力を有する石ですが、その遊色効果を表すものをプレシャス・オパールといい、地色によって四種類に分類され

土星の観測

クレーティ画　1711年
ヴァティカーノ絵画館

ブルー・ダイヤモンド「ホープ」

スミソニアン自然史博物館

ています。白いホワイト・オパール（月の象徴石）、無色透明かそれに近い地色のウォーター・オパール、黄からオレンジ色を経て赤色までの燃えるような地色のファイア・オパール（火星の象徴石）、そして青、グレー、黒の地色に赤、緑、青などがきらめくブラック・オパールが、土星に捧げられています。

◆ブラック・ダイヤモンド（黒金剛石）

ギリシャ語のアダマス（征服しがたい）に由来するダイヤモンドは、地上のあらゆる物質の中で最高の硬度を誇る石です。ダイヤモンドの中でも透明な無色は太陽に捧げられ、黒いダイヤモンドは、土星に捧げられています。葬儀用にも使用され不屈の精神を育て、呪力を高め、他者の悪霊や呪いを寄せつけない強力パワーを発揮します。

◆オニクス（黒瑪瑙）

もともと、オニクスはギリシャ語で「爪」を意味することから、赤白縞模様の瑪瑙《めのう》（サードニクス）を指していたと思われます。今ではただ単にオニクスというと、黒瑪瑙（ブラック・オニクス）を指すことが多くなりました。ブラック・オニクスは魂を沈静化させることから、キリスト教ではロザリオに用いられ、仏教でも弔辞用のアクセサリーや数珠に用いられています。古代インドでは土星神は冥界に関係があるとされ、ギリシャ神話では農耕神とされています。

◆ジェット（黒玉）

松柏《しょうはく》類樹木の化石化したもので、古代には琥珀と同じように海岸に打ち上げられたものを拾って装飾品にしていました。また摩擦すると電気を帯びるのも琥珀に類似していることから、黒い琥珀（ブラック・アンバー）のフォールスネームがあります。近世にはイングランドのヨークシャー州ホイットビーで発見されたものが、地元の人によって装飾用に加工されました。その後、ヴィクトリア女王が夫のアルバート公の死後四十年間もの長い間、喪に服していた際に、ジェットを身に着け続けたことから、一躍注目を浴びることになりました。古来、黒は冥府の色、冥府に関連付けされました。

◆オブシディアン（黒曜石）

岩石が地表で急に冷やされ結晶せずに天然ガラスになった石です。破片が非情に鋭いことから、日常の道具や宝飾品は勿論ですが、古代には、矢じり、小刀などに作られていました。古

ジェットを身に着けたヴィクトリア時代の未亡人の装い

くは鏡として（黄泉と現世など）二面性を占う道具にも利用されていたことも、土星との関係を彷彿とさせます。一般的には黒い色をしていますが、それ以外にも、水晶が混じって白い円形を作っている「フラワー・オプシディアン」、白い斑点のある「スノーフレーク・オプシディアン」、赤褐色が混じっている「マホガニー・オプシディアン」などがあります。

◆ブラウン・クォーツ（茶水晶）

水晶の色が煙のような色をしたもの（スモーキー・クォーツ）や、もっと濃い茶色（カンゴーム）、そして特に黒みの強いもの（モーリン）はすべて土星の象徴石とされています。農耕に関すること、命（魂）の癒しと悟り、特に忍耐と地に足のついた生き方などを導いてくれます。

◆ショール（鉄電気石）［トルマリン］

黒色の鉄を多く含むトルマリンです。錬金術師たちは鉄と土星を結び付けていました。土星は黄泉も支配したことから、黒のトルマリン（ショール）は喪服用としてもよく使用されています。

◆ドラバイト（苦土電気石）［トルマリン］

和名の「苦土」はマグネシウム、「電気石」はトルマリン。つまり、ドラバイトはマグネシウムを多く含むトルマリンを指します。多くが褐色で、オーストリアのドラバ川の名前にちなみます。全身を刺激しながら、体内を清浄にするトルマリンの働きは土星の魂の鎮静化と結び付きました。

◆メラナイト（黒柘榴石）

ガーネットのなかで、チタンやマンガンを含むものをアンドラダイト・ガーネットと呼称し、緑色のデマントイドや黄色のトパゾライトなどが属しますが、同じ仲間で不透明な黒色のものをメラナイトといいます。和名の黒柘榴石は、ガーネットが、ツブツブの柘榴を意味することに起因。ガーネットは持ち主に忠実、辛抱強く持ち主を導くとされるので、努力と辛抱の土星に捧げられています。また土星神（クロノス）が冥界の支配者であることから、メラナイトは葬祭などの儀式に（数珠やネックレスとして）使用もＯＫ。

◆ブラウン・ジルコン

ジルコンは、古くはヒヤシンス石と呼称されていましたが、現在は無色の石がよく知られています。熱で色が変わることから、ダイヤモンドの代用品の代名詞のようになってしまいました。本来は褐色系の石で、熱で様々な色に変化します。ジルコンの名は、アラビア語やペルシャ語の「赤い」、「黄金の」に由来。どんな色に変化しても、熱がさめればもとの色に戻る。赤い命も茶色の土に帰る……、そんな連想も冥府を支配する土星に捧げられた所以かもしれません。

Columun 2

★青い透明石と土星★

サファイアの語源はサンスクリット語の「サターン（土星神）の石」説もあるほど、古代から土星神と深い関わりを持って伝えられてきました。古代インドのヒンドゥー教では、サファイアは土星の影響を受けるので、その持ち主はシャニ（土星神）の恩恵を受けると信じられていました。宝石と星の関係を考え出したカルデア人もサファイアは特に土星と関係があると位置付けていました。

占星術における土星のイメージは決して明るいものではありませんでした。不吉の予感や災いを意味することが多かったため、サファアアを土星に捧げることで災いから逃れると考えられていました。また旧約聖書「出エジプト記」にも登場し、古い石であることがうかがえます。ただ古代にサファイアと呼んでいたのは青い石の総称で、サファイアは、ギリシャ語で「青」を意味する「サフィイロス」からきた言葉でした。青の透明石（現在のサファイア）はヒヤキントゥスと呼ばれていましたが、13世紀になって改称。サファイアと呼ばれるようになっても、土星のイメージは勘違いされたまま訂正されることもなく、ブルーダイヤ、ブルートパーズなどサファイアと同じ青の透明石に不吉を予感させる話が多く宝石伝説を彩りました。ちなみに、星座石伝説が花開いたルネサンス当時の宝石ランキングは、ルビーが1番で800スクード、2位がエメラルドで400スクード、3位がダイヤモンドで、100スクード、最下位のサファイアはわずか10スクード（スクードはイタリアの古い貨幣の単位）とあります。他の宝石に比べて、サファイアが多く産出されたことも値段の安さにつながっているという研究者もいますが、土星のイメージをひきずっていたことも否めません。

しかし、やがてサファイアの青は、正しいものの見方ができる霊感の働く石として、また土星は禁欲、人生の試練を司ることから、キリスト世界（聖職者）とも結び付きます。星座石は古代からの象徴が基礎になっているため、現在では青の透明石は土星、不透明石は金星に組み入れて、サファイアと土星の結び付きを重視する研究者が多いのですが、近年、すべての青を金星が支配するとして、サファイアを（ブルーダイヤも合わせて）金星の支配下に置く見解もあります。

Columun 3

★新・三惑星の存在（天王星、海王星、冥王星）★

近代になって天文学上、新しく発見された天王星（1782年）、海王星（1864年）、冥王星（1930年発見、2007年に「矮惑星」へ変更）という3つの惑星を占星術に取り込む動きがあったことから、星座石に関してもそれにならって取り入れる場合があります。

しかし、一方で、星座石に関しては、三惑星を加えるべきでないという意見も多くあります。というのも、宝石を占星術と結び付けた星座石の成り立ちとその基礎は、古代の七星によるところが多いというのがその理由です。その七星に錬金術師たちが込めた思いが、星座石神話をより輝くものにしていったのだからというわけです。

参考までに三惑星を取り込んだ場合の、星座と惑星の関係は次の通りです。

・太陽（アポロン）太陽神
　……獅子座を支配
・月（アルテミス）月神
　……蟹座を支配
・火星（アレース）軍神
　……牡羊座を支配
・水星（ヘルメス）伝令神
　……双子座と乙女座を支配
・木星（ゼウス）主神
　……射手座を支配
・金星（アプロディテ）
　……牡牛座と天秤座を支配
・土星（クロノス）
　……山羊座を支配
・天王星（ウラノス）
　……水瓶座を支配（土星）
・海王星（ポセイドン）海神
　……魚座を支配（木星）
・冥王星（ハデス）黄泉の国の支配神
　……蠍座を支配（火星）

［支配神はギリシャ名で表記］

天王星のマーク

海王星のマーク

冥王星のマーク

3 七曜の起こりと曜日石

（1） 曜日順序の由来

週の起こりは、古代のバビロニア人が七日目ごとに市を立て、宗教的な祭事をしたことに始まるといわれています。またモーゼはその戒律に七日ごとに安息日を置くことを命じており、七日間の一番目の日を安息日と決めていました。七日間の呼び方も、その次の日を（現在の日曜日を）安息日の「第二日目」、その次（月曜日）を「第三日目」という呼び方をしていました。この数える呼び方が七曜になったのは、紀元前二世紀。当時、地球から遠い順の惑星として土星、木星、火星、太陽、金星、水星、月と考えられていて、この七星を一日の二十四時間にあてはめて順番を決めました。つまり土星を一番最初として次は、土星から数えて二十四番目（二十四時間目）は太陽、その太陽から数えて次の二十四番目は月、という具合で、土星、太陽、月、火星、水星、木星、金星の順を決め一週間を惑星の名前で呼称。やがて、この習慣がキリスト教に伝わり週の第一日（太陽の日）は「主の日」に（キリストの復活が太陽の日だったためといわれている）。

古代バビロニアの神々の名前で惑星を呼称し、そのバビロニアの神々はやがて、ローマにも伝わり次の通り、ローマとゲルマン系の神々に置き換えられます。

（2）曜日に置き換えられた七星

◆日曜日（ドメニカ）

ラテン語のディエス・ソリス（太陽の日）とし、各国とも同じ意味の呼び方です。太陽の神が支配する七日間のうちの第一日目（英語＝Sunday）。

◆月曜日（ルネデー）

ラテン語のディエス・ルナエ（月の日）。各国ともこれと同じ意味の呼び名をあてています。月の女神が支配する七日間のうちの第二日目（英語＝Monday）。

◆火曜日（マルティディ）

ラテン語のディエス・マルティス（火星の日）。明るい炎を連想させ、二年二カ月ごとに地球に近づく。恒星の間を早いスピードで移動することから軍神が結び付きました。軍神が支配する第三日目（ラテン系ではこれに相当する呼び名を使用）。ゲルマン系諸国では、ゲルマン神話の軍神ティウの日としてテゥーズデー（英語＝Tuseday）。

◆水曜日（メルコディー）

ラテン語のディエス・メルクリ（水星の日）。水星は最も太陽に近い惑星で、地球から見るといつも太陽の周りを急がしそうに走っていることから、伝令、商業、スポーツなどの神が支配。七日間のうちの第四日目。ローマ神話のメルクリウスの代わりにゲルマン神話のオーディンの日としてウェンズデー（英語＝Wednesday）。

◆木曜日（ジョブェディ）

七日間のうちの第五日目は木星の日。ローマの主神ユピテルが支配する。木星の十二年かけて黄道を一周する悠々たる動きとその輝きから、ゲルマン諸国ではユピテルの代わりにゲルマン神話の雷神トールをあて、トールの日（Thor De nar）としてサースデー（英語＝Thursday）。

◆金曜日（ヴェネルディ）

第六日目を支配する金星の日。ラテン語でディエス・ウェネリス（金星の日）。美しい金星は美の女神ウェヌスだが、ゲルマン系の国ではゲルマン神話の主神オーディンの妻で結婚をつかさどる愛の女神フリッグ（Frigg）をあてて、フリッグの日フライデー（英語＝Friday）。

◆土曜日（サバト）

第七日目はラテン語でディエス・サトゥルニ（土星の日）。土星の地味な黄色のイメージと黄道を一周するのに三十年近くもかかる印象から、農業の神で老神サトゥルヌスと結び付いたサタデー（英語＝Saturday）。

（3）曜日の神に捧げる石

こうして、七惑星を象徴する石を、それぞれの惑星が宿る日に捧げ、守護石（曜日石）としました。また占星術による十二星座も支配する惑星の宿る日には強力なパワーを受け止めるとして重視されました。時代とともに石の選び方の変遷を経てそれぞれの曜日とパワーを受け止めるおもな曜日石は次の通りです。

［日曜日］……サンストーン、ヘリオドール、ダイヤモンド、琥珀、カーネリアン、ゴールド
太陽が宿る日とされ、二十四時間その支配を受ける（天候とは無関係）。ローマでは「主の日」。
・日曜日の守護神＝正義と医療の守護神、太陽神
・日曜日の強運星座＝獅子宮（三月二十一日〜四月十九日生まれ）
・日曜日の強運石＝太陽に捧げる命と光と正義を象徴する石

[月曜日]……パール、ムーンストーン、ラブラドライト、シルバー
　月が宿る日とされ、二十四時間その支配を受ける。
・月曜日の守護神＝豊穣と出産の女神、月神
・月曜日の強運星座＝巨蟹宮（六月二十一日～七月二十三日生まれ）
・月曜日の強運石＝月に捧げる白い光を象徴する石

[火曜日]……ルビー、ファイア・オパール、パイロープ、レッド・スピネル
　火星が宿る日とされ、二十四時間その支配を受ける。
・火曜日の守護神＝炎と情熱、戦の神
・火曜日の強運星座＝白羊宮（三月二十一日～四月十九日生まれ）
　天蠍宮（十月二十三日～十一月二十一日生まれ）
・火曜日の強運石＝火星（軍神）に捧げる情熱と焔を象徴する石

[水曜日]……トパーズ、シトリン、イエロー・デマントイド、ドラバイト
　水星が宿る日とされ、二十四時間その支配を受ける。
・水曜日の守護神＝商売と旅の神

・水曜日の強運星座＝双児宮（五月二十二日～六月二十日生まれ）
処女宮（八月二十三日～九月二十二日生まれ）
・水曜日の強運石＝水星に捧げるポジティブな生き方とコミュニケーションを象徴する石

［木曜日］……アメシスト、スギライト、アイオライト
木星が宿ると日とされ、二十四時間その支配を受ける。
・木曜日の守護神＝創造の神
・木曜日の強運星座＝人馬宮（十一月二十二日～十二月二十一日生まれ）
双魚宮（二月十九日～三月二十日生まれ）
・木曜日の強運石＝木星に捧げる権威と気高さを象徴する石

［金曜日］……エメラルド、翡翠、ラピスラズリ、マラカイト
金星が宿る日とされ、二十四時間その支配を受ける。
・金曜日の守護神＝愛と美を司る女神
・金曜日の強運星座＝金牛宮（四月二十日～五月二十一日生まれ）
天秤宮（九月二十三日～十月二十二日生まれ）

・金曜日の強運石＝金星に捧げる愛と美を象徴する石

［土曜日］……サファイア、オニクス、オプシディアン、ブラウン・クォーツ、ヘマタイト、ジェット

土星が宿る日とされ、二十四時間その支配を受ける。

・土曜日の守護神＝農耕と大地を守る神
・土曜日の強運星座＝磨羯宮（十二月二十二日〜一月二十日生まれ）
　宝瓶宮（一月二十一日〜二月十八日生まれ）
・土曜日の強運石＝土星に捧げる大地を象徴する石

曜日石の利用

宝石の発する輝きとパワーは権力の象徴で、それだけに、宝石はそのパワーを一番発揮する日に関連付けられたわけですが、曜日石の主な活用法は、

①自分が生まれた日の曜日石を選ぶ
②その日の曜日に合わせて石を選ぶ

どちらにしても占星術では何曜日に生まれたかは性格を占う上で重要な鍵でした。したがって生ま

れた日の惑星の象徴石を持つことで、支配星（守護神）のパワーを受け止めようとしました。また自分の曜日石だけではなく、毎日、石を取り替えて、その日その日を支配する神に加護を願いました。それぞれのパワーを受け止め、魔よけとして象徴石を身につけ神の石としました。後に（鉱物的にも）価値ある石として世界の五大宝石も曜日石から選ばれています。

[曜日石]……一週間を彩る宝石（★は五大宝石）

日曜日……ダイヤモンド［★］
月曜日……パール［★］
火曜日……ルビー［★］
水曜日……トパーズ
木曜日……アメシスト（旧・サファイア）
金曜日……エメラルド［★］（旧・アメシスト、サファイア）
土曜日……サファイア［★］

現在では右記の宝石以外にも、それぞれの七星に捧げる象徴石を曜日石として楽しむ人が増えています。

Columun 4

★占星術と錬金術★
（金属と星の対応）

七惑星を象徴する石は、変化を繰り返して現在の星座石のもとになっているものですが、当時、石の神秘性は王侯貴族や神秘家を中心に急速な高まりをみせていました。後にヘルメス学として錬金術に影響を与えることになる金属と星を対応させる思想が、当時の石の神秘性を高めていったことも見逃せません。七惑星と金属の対応は次の通りです。

・**太陽＝金**（gold）。金の元素記号「Au」はラテン語の Aurum に由来。金を薬にすると浄化力を得る、正義を意味する透明にもつながることから、正義の神（アポロン）と結び付いた。黄金の輝きは太陽神の象徴。

・**月＝銀**（silver）。元素記号の「Ag」は Argentum で、ギリシャ語の「白い」を意味。真珠とともに古代から月の象徴として関連付けられている。

・**火星＝鉄**（iron）。血の気の多い闘争の神の武器。赤い血液も鉄分。元素記号「Fe」。

・**水星＝水銀**（mercury）。液状の唯一の金属であることから、固体であると同時に液体として、冷であるが火になるというように諸々の対立を意味する。ヘルメスの対立する二面性をも意味する。元素記号は「Hg」。

・**木星＝錫**（tin）。ラテン語で銀と鉛の合金を表す（Plumbumalbum）とされる。木星（ゼウス）にとって、鉛の象徴・土星（クロノス）は父であり、銀の象徴・月（アルテミス）は娘である。元素記号は「Su」。

・**金星＝銅**（copper）。ギリシャ語のキプロスが語源。金星は愛と美の女神アプロディテとされるが、神話では泡から生まれて初めて辿り着いたのがキプロス島であった。元素記号は「Cu」。

・**土星＝鉛**（lead）。ゆっくりと回転して精気がない土星のイメージと重い（比重11.3）ことから。元素記号の「Pb」はラテン語 Plumbum から。

★Ⅱ★

十二星座の守護石

GEMINI.
CANCER.
LEO.
VIRGO.
LIBRA.
SCORPIVS.
SAGITARIVS.
CAPRICORNVS.
AQVARIVS.
PISCIS.
ARIES.
TAVRVS.
IVNIVS.
IVLIVS.
AVGVSTVS.
SETENBER.
OCTOBER.
NOVENBER.
DECENBER.
IANVARIVS.
FEBRVARIVS.
MARTIVS.
APRILIS.
MAIVS.

I 「聖なる石」と天文の関係

現在のようなギリシャ神話と天文を結び付けたのは十三世紀以後のことといわれていますが、地上の鉱物と天文を結び付けたのも同時代といわれています。

わが国で一九五八年に発行された『宝石─神秘と伝説』（中村善吉著）のなかに「十三世紀の半ば時代エフダ・モーカスという人が、カルデア人のアボライスなる人物の記録を苦心翻訳したものが、幸いにも今日まで残っている。訳者がどういう人であるのか、さらにそれ以上にアボライスというカルデア人については、まったく知るところがないが、とにかく彼は天文との関係のある石の名を三二五ほども挙げている。古代の天文学でいわれた十二宮、つまり秋分点を起点として黄道の周囲を十二に等分し、その各々に星座を配したが、それらの沢山の石はどういう根拠によったものであるか、これもわからないが各星に割あてている」と記しています。また、同氏によると、「後には宝石の数は非常に減って、ただ代表的な一、二個の石が十二宮の各星座、つまり一年の十二カ月に重点的に配されるようになって、その結果ある星座が天頂に来た時、その星座を象る宝石を身に着けていれば、なんらかの加護を受けるものであるという信仰的な考えが生まれ、十二の『聖なる石』を護符として順次月ごとに所持するという風習が起こるようになった」とのことです。その「聖なる石」と十二宮の関係は次の通りだとしています。

［アボライスの見解］

牡羊座＝ジャスパー　　牡牛座＝サファイア　　双子座＝アゲート
蟹　座＝エメラルド　　獅子座＝オニクス　　乙女座＝カーネリアン
天秤座＝クリソライト　　蠍　座＝アクアマリン　　射手座＝トパーズ
山羊座＝ルビー　　水瓶座＝ガーネット　　魚　座＝アメシスト

中世の錬金術の時代を経て、古代の文化が花開いたルネサンスの時代になると、金属と鉱物と天文を結び付けて語られるようになります。

星座石の普及は当時の占星術師や錬金術師たちの影響が大きいことはいうまでもありませんが、なかでもドイツの思想家で錬金術に堪能だったコルネリウス・アグリッパ（一四八六～一五三五年）の功績は大でした。というのもアグリッパは錬金術による「賢者の石」の探求によるプロセスのなかで十二星宮と宝石の関係を定型化。宝石伝説にもう一つの光を当てたのでした。

［アグリッパの見解］

牡羊座＝サードニクス　牡牛座＝カーネリアン　双子座＝トパーズ
蟹　座＝カルセドニー　獅子座＝ジャスパー　乙女座＝エメラルド
天秤座＝ベリル　蠍　座＝アメシスト　射手座＝紅色ジルコン
山羊座＝エメラルド　水瓶座＝水晶　魚　座＝サファイア

イタリアの自然哲学者で医学者、数学者のカルダーノ（一五〇一～一五七六年）はキリストのホロスコープを作り異端者として投獄されたことのある占星術師ですが、彼も金属と宝石の関連を述べています。カルダーノは、「赤子が母親の血液からできるのと同じように」貴金属からしたたった液が、岩の割れ目にたまって、それから宝石が生まれたといい、ダイヤモンド、エメラルド、オパールは金から、サファイアは銀から、カーバンクル（貴柘榴石）、アメシストは鉄の落とし子、というわけです。

それから二十～三十年後、アグリッパの百年後に最後のルネサンス人と称された博物学者のアタナシウス・キルヒャー（一六〇二～一六八〇年）も星座石の見解を発表しました。彼はイエズス会の司祭でしたが、鉱物や占星術にも精通していて、ローマに初めて建設された自然史博物館に膨大な資料を集めたことで知られています。彼は十二宮と宝石の関係を次のように表しました。

［キルヒャーの見解］

牡羊座＝アメシスト　牡牛座＝紅色ジルコン　双子座＝クリソプレーズ
蟹　座＝トパーズ　獅子座＝ベリル　乙女座＝ペリドット
天秤座＝カーネリアン　蠍　座＝サードニクス　射手座＝エメラルド
山羊座＝カルセドニー　水瓶座＝サファイア　魚　座＝ジャスパー

その多くは、現在でいう半貴石で構成されていました。その後も時代や国によってもはもちろんですが、占星術師や、鉱物研究者たちの見解の相違などもあり、幾多の変遷を繰り返します。しかし、錬金術師や占星術師たちによって決められた七惑星の象徴色は時代に受け入れられて、やがて七惑星に支配を受ける十二星座の基本色に組み込まれます。この色の選択は本格的な星座石を形成していく基本になりました。

アタナシウス・キルヒャー

2 十二星座神話と本格的な星座石の誕生

やがて、ホメロスやヘシオドスの著したギリシャ神話とは別に、それらを基にして十二星座の星座伝説が生まれて、十二星座の物語も意味を持ち始めます。十二星座物語も時代とともに変遷を繰り返しますが、新しい宝石も発見され、星座石も十二星座に寄り添うように、変遷を繰り返し現在に至っています。

［現在の星座石の代表］……［★］＝二元宮*を象徴する特別星座石

牡羊座＝ルビー
牡牛座＝エメラルド
双子座＝トパーズ、アンダリューサイト［★］
蟹　座＝パール

*二元宮とは、全く違う二つの世界（性格）を持つ星座。占星術では、双子座（神の血と人間の血を引く兄弟）、射手座（人間の上半身と馬の下半身をもつケンタウロス）、魚座（二匹の魚は実はアプロディテとエロス）の三星座を指す。

獅子座＝ダイヤモンド
乙女座＝アゲート全般
天秤座＝ラピスラズリ
蠍　座＝ファイア・オパール
射手座＝アレキサンドライト［★］、スギライト、パーティカラー・トルマリン［★］
山羊座＝オニクス
水瓶座＝サファイア
魚　座＝アメシスト、バイカラー・クォーツ（アメトリン）［★］、アイオライト［★］

なお十二星座に配された星座石は一つの石だけではありませんので、幅広く楽しむことができます。本来、星座石は、それぞれの十二星座が天頂に来たときその星座の象徴石を持つことで、星の加護を願ったのが始まりです。つまり、各人が十二星座に順次捧げる石を（最初は半貴石がほとんどでしたが）十二個持っていたということになります。そういった意味でも、沢山の種類から選べることに意味があったと思われます。

次に各星座のプロフィールとその星座にまつわる豊富な十二星座石と（一般的な）星座伝説をご紹介しておきます。

［牡羊座の星座石］ *Aries* アリエス

・牡羊座がよく見える季節＝冬　十二月下旬
・黄道十二星座の第一座にあたる白羊宮《はくようきゅう》＝三月二十一日～四月十九日
・支配惑星＝火星
・守護神＝アレース（ギ）、マルス（ロ）、マース（英）
・守護色＝赤色
・星座石＝火星を象徴する軍神アレースに捧げる石（火星の象徴石）を中心に透明石が選ばれている。

【白羊宮の特徴】

元素４区分	火の宮
活動３区分	活動宮
性別	男性宮
季節	春の宮
南北	北の宮
シンボル	獣宮
その他	高貴宮、激烈宮、不妊宮

［占星術のマーク］

羊の大きな角を表す。

✵牡羊座の守護星座石……【★】は代表星座石

ルビー【★】
レッド・スピネル
ルベライト
ロードクロサイト（インカローズ）
パイロープ・ガーネット
ロードライト・ガーネット

（それぞれの石については、53頁「火星の象徴石」を参照）

✵牡羊座の守護星座石が意味するもの

牡羊座の俊敏な判断と突進する激しいパワーを象徴。牡羊座の強い正義感と弱者の救済パワーを象徴。牡羊座の細かい配慮の欠如を補い保護。牡羊座の強い目的に貞節に行く手を守護。

【牡羊座伝説】

ギリシャの中部・ボイオーティア地方を統治していたアタマス王はイノを後妻に迎えました。先

16世紀の星図に描かれた牡羊座

ヴァティカン宮殿の天井画

妻の、雲の精ネペレーとの間にヘリクスとヘレーという二人の子がいましたが、イノに育てさせていました。ところが、イノは自分の子ができると、二人を継子いじめをするようになりました。こともあろうに、凶作の生け贄に二人をゼウスの祭壇に引き出すことを画策してしまいます。それを知った生みの母ネペレーはゼウスに二人を救ってくれるように懇願。ゼウスはその願いを受け入れて、ヘルメスにいいつけて天駆ける金毛の羊をつかわして二人を助け出します。

羊にまたがった二人は北方にあるコルキスに向けて飛び立ったのですが、大変なスピードだったので妹のヘレーは目眩をおこして海原に落下してしまいます（以来この海峡をヘレスポントスと呼称）。命を助けられた兄のフリコスは無事にコルキスに送り届けられコルキス王の庇護のもとやがて王女と結婚します。

ヘリクスは自分の命を助けてくれた金毛の羊をゼウスの祭壇に捧げ、その金色の皮をコルキスの王に献上。ゼウスは羊を天に上げ星にしました。

［牡牛座の星座石］

Taurus
タウルス

・牡牛座がよく見える季節＝冬　一月下旬
・黄道十二星座の第二座にあたる金牛宮《きんぎゅうきゅう》＝四月二十日～五月二十一日
・支配惑星＝金星
・守護神＝アプロディテ（ギ）、ウェヌス（ロ）、ヴィーナス（英）
・守護色＝緑色
・星座石＝金星を象徴するアプロディテに捧げる石（金星の象徴石）を中心に選ばれている。

【金牛宮の特徴】

元素４区分	地の宮
活動３区分	不動宮
性別	女性宮
季節	春の宮
南北	北の宮
シンボル	獣宮
その他	頑固宮、情熱宮、多産宮

［占星術のマーク］

牛の顔を表す。

✲牡牛座の守護星座石……［★］は代表星座石、［☆］は特別守護石

エメラルド［★］
翡翠
グリーン・グロッシュラー（ツァボライト）
マラカイト
ダイオプテーゼ
デマントイド（アンドラダイト・ガーネット）
アマゾナイト
ヒデナイト
ピンク系宝石［☆］

（それぞれの石については、79頁「金星の象徴石」を参照）

［牡牛座の特別守護石］
・ピンク系宝石（ピンク・トパーズ、クンツァイト、ピンク・サファイア、ローズ・クォーツなど）
牡牛座の守護神は愛の女神（ギリシャ神話ではアプロディテ）であることと、牡牛座が春宮・女性宮のため、愛を増幅させるピンク系の鉱物が特別に選ばれています。

牡牛座の守護星座石が意味するもの

牡牛座の実際的で信頼される行動力の象徴。牡牛座の堅実、深い愛情パワーの象徴。重鈍、頑固な牡牛座に洞察力と弾力性を与える。牡牛座の得難い才能を引き出す。

【牡牛座伝説】I

ギリシア神話で、フェニキア王の娘エウロペの美しさに惹かれたゼウスは、妻のヘラにばれないように白い牛に化けてエウロペの前に現れました。ゼウスの牛は驚くほど白く美しく角は透き通るほど。エウロペは牛と遊んでいるうちに牛の背中にまたがりました。その瞬間ゼウスは海に向かって走り出し、やがて海に飛び込み、クレタ島にたどりつきます。この時のゼウスの変身した牛の姿が星になり、牡牛座になったといわれています。

【牡牛座伝説】II

ゼウスとエウロペは、ミノス、サルペドン、ラダマンチュスの三人の子をもうけましたが、のちにエウロペがクレタ王のアステリオスと結婚したので、王位はその子らのなかからミノスに引き継

エウロペの掠奪

コワペル画　1727年
フィラデルフィア美術館

エウロペの掠奪

レンブラント画　1632年
ポール・ゲティ美術館

がれることになりました。ミノス王は海神ポセイドンから生け贄にするための牡牛をもらっていました。しかし、牡牛のあまりのりっぱさに目がくらみ、別の牛を生け贄に差し出し、りっぱな牛を自分のものにしてしまいました。神との約束を果たさないことに怒ったポセイドンはミノス王への仕返しに、牡牛を手がつけられないほどの凶暴な牛にしてしまいます。後にヘラクレスによって生け捕りにされる（「ヘラクレスの十二の難行」の一つとして）ことになりますが、これが牡牛座となったという説があります。

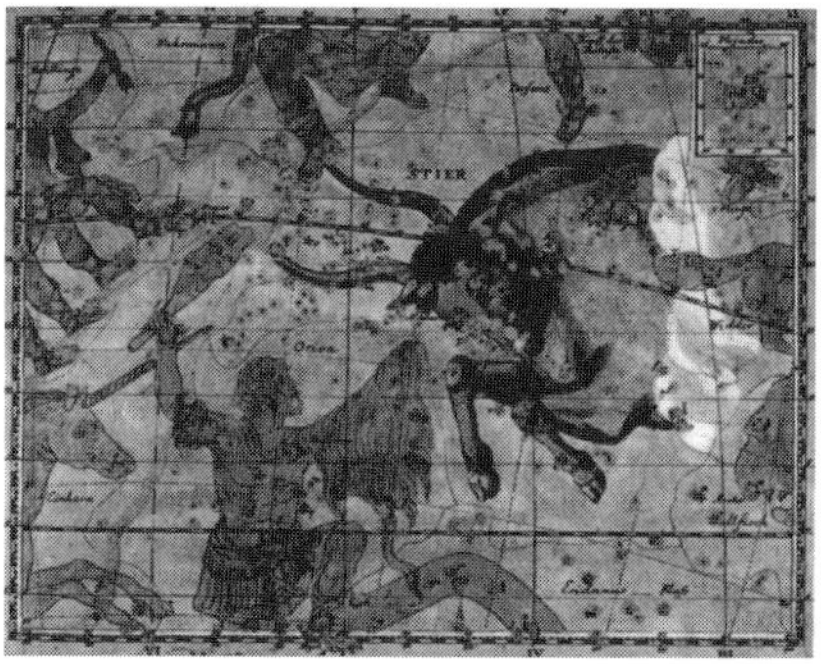

ボーデの古星図に描かれた牡牛座

［双子座の星座石］

Gemini ゲミニ

・双子座がよく見える季節＝晩冬～初春　三月上旬

・黄道十二星座の第三座にあたる双児宮《そうじきゅう》＝五月二十二日～六月二十日

・支配惑星＝水星

・守護神＝ヘルメス（ギ）、メルクリウス（ロ）、マーキューリー（英）

・守護色＝黄色

・星座石＝水星を象徴するヘルメスに捧げる石（水星の象徴石）を中心に透明石が選ばれている。

【双児宮の特徴】

元素４区分	風の宮
活動３区分	柔軟宮
性別	男性宮
季節	春の宮
南北	北の宮
シンボル	人間宮
その他	二元宮

［占星術のマーク］

2の数（II）を表す。

✵双子座の守護星座石……［★］は代表星座石、［☆］は特別守護石

トパーズ［★］
アンダリューサイト［★］［☆］
イエロー・ベリル
シトリン
カナリー・ダイヤモンド
イエロー・オーソクレース
ゴールデン・サファイア
イエロー・ジルコン
トパゾライト

（それぞれの石については、64頁「水星の象徴石」参照）

［二元宮としての双子座の特別守護石］

・アンダリューサイト（紅柱石）　占星術では双子座は二元宮に生きる星座とされています。ギリシャの星座伝説では双子座は人間の血を引くカストールと神の血を引くポルックスの生きる世界の違う兄弟の姿

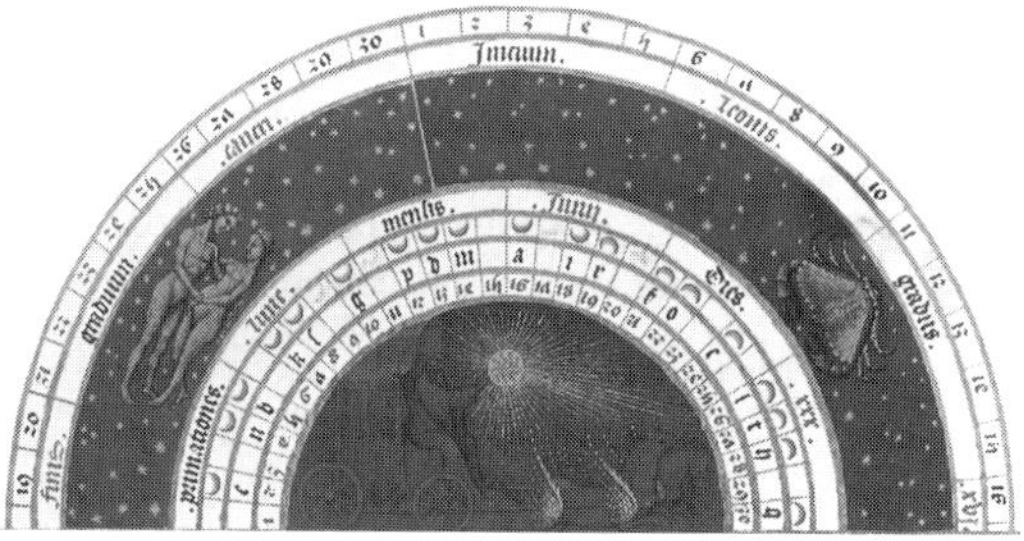

ベリー侯の時禱書に描かれた双子座

とされています。双子座の支配星は水星（ヘルメス神）ですが、足が早く、口も饒舌なのでコミュニケーションの神、商売の神とされています。一方で嘘つき、泥棒の神の側面を持っています。このようにいろいろな世界を持つ星座ですが、それが魅力でもあり、同じような性質を持つアンダリューサイトが、特に双子座の守護石として選ばれ、全面的に双子座を理解していい方向へと誘います。アンダリューサイトは水星の支配する黄色ですが透かして見る角度を変えると、バラ色、褐色、緑、黄褐色、黄緑などに変化。その濃さを変える多色性の性質が、水星に支配されながら、二元宮を生きる双子座に組み込まれました。

✲双子座の守護星座石が意味するもの

双子座のコミュニケーション能力の象徴。双子座の知恵の発展を象徴。双子座の知性と実行力のバランスを守護。双子座の二面性（二重性格）を良い方向に導き、守護する。

【双子座伝説】

ギリシア神話で、スパルタ王ティンダレスの妃レダは美しく、大神ゼウスはその美しさにすっかり魅了されてしまいます。ゼウスはレダへの思いをとげるために、愛の女神アプロディテに頼んで自分の象徴でもある鷲に化けてもらい、自分は白鳥に化けて鷲に追いかけさせました。白鳥は大きく羽根を広げてレダのふところに逃げこみました。白鳥を可愛そうに思ったレダはしっかり抱き留

レダと白鳥

ダ・ヴィンチ画の模写　1504年頃
ボルゲーゼ美術館

レダと白鳥

ブーシェ画　1742年
個人蔵

めたので、ゼウスの思いは遂げられたのです。レダは妊りますが、その同じ日にレダが夫のティユンダレスと交わったために、白鳥に化けたゼウスの血を引く卵を二つ（この卵から双児の男女ボルックスとヘレネが生まれました）と、王の血を引く男女の双児（カストルとクリュタイムネストラ）を産みます。

双児座はカストル（乗馬の神）とボルックス（ボクシングの神）の兄弟の姿ですが、兄弟が星になったのには訳がありました。カストルがイダス（海神ポセイドンの息子）に殺されたとき、弟のボルックスは兄と一緒に死にたいと願いました。自分だけが神の血を引いて不死であることを承知しませんでしたので、ゼウスは二人をいつまでも一緒でいられるように天に上げ、星にしたのでした。

［蟹座の星座石］

Cancer キャンサー

・蟹座がよく見える季節＝春　三月下旬
・黄道十二星座の第四座にあたる巨蟹宮《きょかいきゅう》＝六月二十一日〜七月二十三日
・支配惑星＝月
・守護神＝アルテミス（ギ）、ディアナ（ロ）、ダイアナ（英）
・守護色＝白色、銀色
・星座石＝月を象徴するアルテミスに捧げる石（月の象徴石）を中心に選ばれている。

【巨蟹宮の特徴】

元素４区分	水の宮
活動３区分	活動宮
性別	女性宮
季節	夏の宮
南北	北の宮
シンボル	節足宮
その他	多産宮

［占星術のマーク］

蟹が卵を抱く母性愛を表す。

✵蟹座の守護星座石……［★］は代表星座石

パール（色に関係なくすべての真珠）［★］
コラール（色に関係なくすべての珊瑚）
ムーンストーン
ラブラドライト
セレナイト
ホワイト・カルセドニー
ミルキー・クォーツ
ホワイト・オパール

（それぞれの石については、45頁「月の象徴石」参照）

✵蟹座の守護星座石が意味するもの

蟹座の包容力と母性愛の象徴。蟹座の自己愛と忠誠心の象徴。蟹座の排他的な衝動やヒステリックを抑え守護する。蟹座の他人への中傷、羨望癖を和らげ守護する。

ヘラクレスとレルネのヒュドラ

モロー画　1876年

シカゴ美術研究所

【蟹座伝説】

蟹座は双子座と獅子座の間にある星ですが、古代には稲刈りを意味する鎌の形が蟹の鋏と形が似ていることから、蟹座は稲刈りの季節を意味するものでした。ギリシャ神話では、英雄ヘラクレスの十二の難行の第二番目のレルネの化け蛇ヒュドラ退治にまつわる伝説に登場する大きな蟹です。

ヘラクレスがエウリュステウス王の命令で退治することになったヒュドラは恐ろしい海蛇で、蛇とは名ばかりで九本の首を持つ怪物でした。ヒュドラはテューポンとエキドナの子で、その首は、いくら切ってもすぐに再生してしまいます。おまけに猛毒を持っていましたので、ヒュドラが棲む沼の上を吹く風にあたっただけで死んでしまうほどでした。

ヘラクレスに悪意を持つヘラ（ゼウスの妻）は、これはヘラクレスをやっつけるチャンスと考えました。そこで巨大な蟹をヒュドラの応援に遣わしました。ところが、この巨蟹はヘラクレスの足を挟んだものの、あっさりヘラクレスに踏みつぶされてしまいます。ヒュドラの九つの首は切っても切っても生えてくる不死身でしたのでヘラクレスは苦戦しますが、ヘラクレスが連れていた甥のイオラオスがヒュドラの首の切り口を火で焼き、二度と生えないようにして、退治。ヘラはヘラクレスに命を断たれた海蛇ヒュドラと大蟹《キャンサー》を哀れに思い天空に上げ星にしたのでした。

［獅子座の星座石］ *Leo* レオ

・よく見える季節＝春　四月下旬
・黄道十二星座の第五座に当たる獅子宮《ししきゅう》＝七月二十四日～八月二十二日
・支配惑星＝太陽
・守護神＝アポロン（ギ）、アポロ（ロ）、アポロー（英）
・守護色＝黄金色、オレンジ色（太陽光の色）
・星座石＝太陽を象徴するアポロンに捧げる石（太陽の象徴石）を中心に選ばれている。

【獅子宮の特徴】

元素４区分	火の宮
活動３区分	不動宮
性別	男性宮
季節	夏の宮
南北	北の宮
シンボル	獣宮
その他	高貴宮、不妊宮

［占星術のマーク］

ライオンの尻尾を表す。

✵獅子座の守護星座石……［★］は代表星座石

ダイヤモンド［★］
ロック・クリスタル
ホワイト・サファイア
パパラチア
ヘリオドール
ゴールデン・ベリル
アクロアイト
フェナカイト
サンストーン
アンバー（琥珀）
ジルコン（無色、オレンジ色）
カーネリアン
ヘソナイト
ペリドット

（それぞれの石については、32頁「太陽の象徴石」を参照）

ボーデの古星図に描かれた獅子座

✲獅子座の守護星座石が意味するもの

獅子座の威厳と明るさの象徴。獅子座の独創的、情熱的な寛容の象徴。獅子座の誇大妄想　権力欲を正しい現実に導く。獅子座のユートピア願望を叶える。

【獅子座伝説】

ギリシャ神話最大の英雄ヘラクレスはゼウスと美しく聡明なミュケーナイの王女アルクメネの間に生まれましたが、ゼウスの妻ヘラの嫉妬のため誕生の前から、苦難を強いられます。ヘラの悪意から呪いをかけられ発狂、妻子と弟の子を殺すという大罪を犯してしまいます。その罪の償いをしなければならなくなりますが、それが有名な「十二の難行」です。その一番目がアルゴス地方のネメアの谷に住む人食いライオン退治でした。ライオンは半身が蛇の姿をした怪物エキドナの子供で夜となく昼となく、出歩いては、牛や羊や時には人間まで食い殺すという化け獅子でした。そのライオンの棲む場所はゼウスの神殿に近いネメアの谷にありました。

ライオンを見つけ武器で斬り殺そうとしますが、皮は鋼鉄のように硬く武器は使い物になりません。そこでライオンを洞窟に追い込むことにしました。洞窟は出口が二つありましたので、そのひとつをふさぎ、そこで素手で取っ組み、ついにライオンの首を絞めて殺すことができました。

その後、ヘラクレスはこの硬い毛皮をはぎ取りマントがわりに身に纏いました。ヘラクレスの手柄を讃え、ゼウスはこのライオンの姿を天空に上げ、星としました。

ネメアのライオンと格闘するヘラクレス
スルバラン画　1634年
プラド美術館

[乙女座の星座石]

Virgo ビルゴ

・乙女座がよく見える季節＝晩春から初夏　六月上旬
・黄道十二星座の第六座にあたる処女宮《しょじょきゅう》＝八月二十三日～九月二十二日
・支配惑星＝水星
・守護神＝ヘルメス（ギ）、メルクリウス（ロ）、マーキュリー（英）
・守護色＝黄色
・星座石＝水星を象徴するヘルメスに捧げる石（水星の象徴石）を中心に選ばれている。

【処女宮の特徴】

元素4区分	地の宮
活動3区分	柔軟宮
性別	女性宮
季節	夏の宮
南北	北の宮
シンボル	人間宮

[占星術のマーク]

善悪のシンボル＝M（死）とP（罪）を表す。または乙女の髪をデザインしたもの。

乙女座の守護星座石……［★］は代表星座石、［☆］は特別守護石

イエロー・ジェダイト（翡翠）
アゲート全般（縞瑪瑙）［★］
イエロー・カルセドニー
イエロー・ジャスパー
プレーナイト
ローディサイト［☆］

（それぞれの石については、64頁「水星の象徴石」を参照）

［乙女座の特別守護石］
・ローディサイト　黄色の透明石。古くから農作業（雨乞い）などの儀式に用いられたことから、穀物の女神ペルセポネ（乙女座）に関連付けられました。

乙女座の守護星座石が意味するもの

乙女座の完全と正確を象徴。乙女座の潔癖な象徴。乙女座の臆病と無道徳に自信を与え守護する。

乙女座の不足、不平の心を打ち消して幸せに導く。

【乙女座伝説】I

大神ゼウスと豊穣の女神デメテルの間にペルセポネという美しい娘がいました。そのペルセポネをみそめた冥界の王ハデスは、ペルセポネが花を摘み取ろうとした時、大地の割れ目から飛び出してきてペルセポネを略奪。冥界へ連れていって妻にしてしまいました。

母のデメテルは嘆き悲しみました。神殿に籠って誰とも口をきこうとしません。そのため地上の作物は芽を吹かず大飢饉が襲ってきました。困ったゼウスはハデスにペルセポネをデメテルのところに返すようにいいます。

こうしてペルセポネはデメテルのところに戻ってきましたが、すでに冥界の食べ物（ザクロの実）を四粒食べてしまったあとでした。このことからペルセポネは一年のうち四カ月は冥界ですごさなければならなくなったので、その間はデメテルは寂しく閉じこもってしまいました。収穫の女神が現れないために、地上では作物は芽を吹くことのない「冬」が生まれました。乙女座はペルセポネが麦の穂を手にした姿で描かれています。

【乙女座伝説】II

デメテルの待つ地上へ戻ったペルセポネ

レイトン画　1891年頃
リーズ美術館

ペルセポネ

ロセッティ画　1874年
テート・ブリテン

アテナイのイカリオスはデュオニッソスの娘のエリゴネと愛し合い、スタピロスという息子までもうけていました。ある時、娘夫婦を訪ねたデュオニッソスは歓待してくれたお礼にイカリオスに葡萄酒の作り方を伝授しました。

イカリオスは隣人たちに葡萄酒を飲ませたところ、当時、酔うという感覚がなかったため、毒を飲まされたと勘違いしてイカリオスは隣人たちに殺されてしまいました。何も知らないで夫の帰りを待つエリゴネでしたが、愛犬のマイラがエリゴネをイカリオスの死体の場所に連れていき、エリゴネは夫の死を知ります。エリゴネは悲しみのあまり首を吊って自殺。マイラもエリゴネの側を離れようとせず、ついには餓え死にしてしまいました。デュオニッソスはエリゴネとマイラを天に上げ、乙女座と大犬座にしました。

［天秤座の星座石］

Libra リブラ

・天秤座がよく見える季節＝夏　七月上旬
・黄道十二星座の第七座にあたる天秤宮《てんびんきゅう》＝九月二十三日〜十月二十二日
・支配惑星＝金星
・守護神＝アプロディテ（ギ）、ウェヌス（ロ）、ヴィーナス（英）
・守護色＝青色
・星座石＝金星の象徴であるアプロディテに捧げる石（金星の象徴石）を中心に、特に青色・不透明石が選ばれている。

【天秤宮の特徴】

元素４区分	風の宮
活動３区分	活動宮
性別	男性宮
季節	秋の宮
南北	南の宮
シンボル	人間宮

［占星術のマーク］

秤皿またはカロリーバランスを表す。

✵天秤座の守護星座石……【★】は代表星座石

アズライト
ラピスラズリ【★】
ソーダライト
トルコ石
ブルー・カルセドニー
アマゾナイト
クリソコラ

（それぞれの石については、79頁「金星の象徴石」参照）

✵天秤座の守護星座石が意味するもの

天秤座の公平な批判力を象徴。天秤座の理知的バランス感覚を象徴。天秤座の二つの間で揺れる思いに均衡を与え守護。天秤座の不精、怠惰を退け魂の浄化と品位保持を守護する。

天秤を持つ女

フェルメール画　1662-65年頃
ワシントン・ナショナル・ギャラリー

【天秤座伝説】

世界が黄金時代といわれていたころは神々も人間も仲良く幸せに暮らしていました。ところが冬の季節が訪れるようになり、銀の時代に入ると、食物を手に入れるために人々は争いを始めたので神々は一人ずつ天界へと帰っていき始めました。しかし、人々は人殺しだけはしませんでしたから、正義の女神アストライアは妹の慈悲の女神と地上に残っていました。

アストライアは正義を量る天秤を持っていましたが、やがて青銅の時代、鉄の時代になると人々は武器を持って殺し合うようになり、秤も正義を示さなくなってしまいました。ついにはアストライアも愛想をつかして天秤を持って天に帰ってしまいました。ゼウスはアストライアを星にしてやりました。それが乙女座です。アストライアは、「星乙女」の意味です。

そして、正義の女神アストライアが地上の善悪を量るために天から持参した秤。この秤が天秤座になりました。

人類の黄金時代

ピエトロ・ダ・コルトーナ画
1637年　ピッティ美術館

【蠍座の星座石】

Scorpius スコルピウス

・よく見える季節＝夏　七月下旬

・黄道十二星座の第八座にあたる天蠍宮《てんかつきゅう》＝十月二十三日〜十一月二十一日

・支配惑星＝火星

・守護神＝アレース（ギ）、マルス（ロ）、マーズ（英）

・守護色＝赤色

・星座石＝火星を象徴するアレースに捧げる石（火星の象徴石）を中心に、特に赤色・不透明石が選ばれている。

【天蠍宮の特徴】

元素4区分	水の宮
活動3区分	不動宮
性別	女性宮
季節	秋の宮
南北	南の宮
シンボル	節足宮
性格	情熱宮、多産宮

［占星術のマーク］

♏

尻尾に毒（死）の矢が付いたサソリをデザイン。

✵蠍座の守護星座石……［★］は代表星座石

ファイア・オパール［★］
リアルガー（鶏冠石）
ヘマタイト（赤鉄鉱）
紅翡翠
ロードストーン（天然磁石）
レッド・ジャスパー

（それぞれの石については、53頁「火星の象徴石」参照）

✵蠍座の守護星座石が意味するもの

蠍座の洞察力の象徴。蠍座の論理性と意志の強さを象徴。蠍座の性的欲望を和らげる。蠍座の非情、嫉妬など感情のバランスを守る。*

＊出血や貧血など血に関する不調の改善に力があるとされる。血の気からくる感情バランスを整える。守護神アレースは戦いの神で、武器の鉄と結び付き「勝利の石」とされる。この石を研磨する時、血のような石粉が血の色と似ていることから、鉄分（血）と結び付いたと思われる。

【蠍座伝説】I

天下に自分にかなう者はいないと豪語する不遜なオリオンの言葉に腹を立てたアポロンは、オリオンの通り道にサソリを放ちオリオンを殺そうと考え、ガイアに頼んで大サソリを送ってもらいましたが、オリオンが勝ってしまいます。アポロンは月の女神でもある妹のアルテミスがオリオンに気があることを知り、妹を騙してオリオンを弓で殺させることにしました。殺害は成功。しかしアルテミスは兄の計略にかかったことを後悔し、名医アクレピオスに頼んでオリオンを生き返らせてもらいます。ところが黄泉の国の支配者であるハデスが勝手に死者を生

巨人の狩人オリオンと天上のアルテミス

プッサン画
1658年　メトロポリタン美術館

き返らせては困るとゼウスに訴えたので、ゼウスはアクレピオスとオリオンを雷で殺し、サソリとともに天にあげ「蠍座」、「オリオン座」、「蛇遣い座」（蛇は医術のシンボル）としました。

【蠍座伝説】II

美青年オリオンはクレタ島で月の女神アルテミスと狩りを一緒にしているうちに愛しあうようになりました。あるときオリオンは「地上のありとあらゆる獣を射止めてみせる」と豪語します。それを聞いて大地の女神ガイアは立腹。一匹の大サソリを遣わしてオリオンの命を狙わせます。サソリは毒の尻尾でオリオンを刺し殺してしまいます。その功績をたたえてガイアが天にあげたのが蠍座だといわれています（現在でもオリオンはサソリを恐れ、蠍座が昇るころになるとオリオン座は沈んでしまいます）。

［射手座の星座石］ *Sagittarius* サギッタリウス

・射手座がよく見える季節＝晩夏～初秋　九月上旬
・黄道十二星座の第九座にあたる人馬宮《じんばきゅう》＝十一月二十二日～十二月二十一日
・支配惑星＝木星
・守護神＝ゼウス（ギ）、ユピテル（ロ）、ジュピター（英）
・守護色＝紫色
・星座石＝木星を象徴するゼウスに捧げる石（木星の象徴石）を中心に、特に不透明石が選ばれている。

【人馬宮の特徴】

元素4区分	火の宮
活動3区分	柔軟宮
性別	男性宮
季節	秋の宮
南北	南の宮
シンボル	人間宮
性格	高貴宮、二元宮

［占星術のマーク］

弓と矢を表す。

✵射手座の守護星座石……［★］は代表星座石、［☆］は特別守護石

アレキサンドライト［★］［☆］
スギライト［★］
ラベンダー・ジェダイト（翡翠）
パープル・スカポライト
チャロアイト
パーティカラー・トルマリン［☆］

（それぞれの石については、71頁「木星の象徴石」参照）

✵射手座の守護星座石が意味するもの

射手座の人を明るく楽しませる慈悲と癒しの象徴。射手座の礼儀正しい優雅さの象徴。射手座のうぬぼれ、顕示欲を和らげ誤解から守る。本質を見抜く力に欠ける射手座に正しい方向性を与える。

［二元宮としての射手座の特別守護石］

・アレキサンドライト　射手座のケイロンは神としての不死身の命でしたが、ヘラクレスの流れ矢にあたって激痛に耐えられず不死身をプロメテウスに譲り死んでしまいます。人間と神の世界を持つ射

手座は二元宮の星といわれる所以です。アレキサンドライトも昼の自然光のもとでは緑色、夜の人工光線のもとでは赤色に変わる性質をもっています。この自然と人工の光に反応して光の二元性を持つアレキサンドライトは射手座に特別の意味を持って捧げられています。

・パーティカラー・トルマリン　一つの石の中に二つの色を示すトルマリンをパーティカラーと呼びます。射手座は半人半馬の賢者ケイロンです。ケイロンの上半身は人間で、下半身は馬の姿をしていますが、パーティカラー・トルマリンも半分が緑、半分が赤ピンク色をしています。パーティカラーは外見上のケイロンの姿から射手座の象徴石に選ばれています。

【射手座伝説】

ケンタウロス族のケイロンは、クロノスと水の精（オケアノスの娘らの一人）ピリュラの間に生まれました。クロノスの血を引いて不死身なうえに卓越した頭脳と知識、加えて人格者だったことから賢者と崇められていました。その姿は上半身が人間で下半身が馬という半人半馬でしたが、これは母のピリュラが海の神々の習わしにのっとり、牝馬となって受胎したからとされています。母子はペリオン山の洞窟に住んで百芸の師としてギリシャの英雄たちを育てていました。

ヘラクレスとケンタウロス一族が争っていた時のこと、ケイロンは誤ってヘラクレスの射た流れ矢に当たってしまいます。これには怪物ヒュドラの毒血が塗ってあったものですから猛毒の痛みと闘いながら苦しみ続けました。ケイロンは不死身でしたが、とうとう耐えきれず、不死をプロメテウスに譲り、死をとげることで、痛みから解放されます。偉大なケイロンの死を悼んで天にあげられたのが、ケイロンが弓を引く姿で描かれた射手座です。ケイロンが育てた英雄は、医師アクレピオス、カストルとボルックス、イアソン、アキレウスなど数多くいます。

アキレウスとケイロン

バトーニ画　1746年
ウフィッツィ美術館

［山羊座の星座石］ *Capricornus* カプリコルヌス

・山羊座がよく見える季節＝秋　九月下旬
・黄道十二星座の第十座にあたる磨羯宮《まかつきゅう》＝十二月二十二日～一月二十日
・支配惑星＝土星
・守護神＝クロノス（ギ）、サトルヌス（ロ）、サタン（英）
・守護色＝黒色
・星座石＝土星を象徴するクロノスに捧げる石（土星の象徴石）を中心に、特に黒色・不透明石が選ばれている。

【磨羯宮の特徴】

元素4区分	地の宮
活動3区分	活動宮
性別	女性宮
季節	冬の宮
南北	南の宮
シンボル	獣宮
性格	激烈宮、情熱宮、不妊宮

［占星術のマーク］

パーンの姿を一筆で表したもの。左半分が頭、右半分が尻尾。

✵山羊座の守護星座石……【★】は代表星座石

ブラック・オパール
オニクス（黒瑪瑙）【★】
ジェット（黒玉）
オブシディアン（黒燿石）
ショール（鉄電気石）
メラナイト（黒柘榴石）

（それぞれの石については、92頁「土星の象徴石」参照）

✵山羊座の守護星座石が意味するもの

山羊座の忍耐力と一貫性を象徴。山羊座の素早い透視力を象徴。暗くて地味な印象を明るく幸せな明日に導く。クールで打算的な山羊座に愛の強さを与え守護する。

【山羊座伝説】

牧神パーンは伝令神ヘルメスの息子ですが、ヘルメスが赤ん坊をオリンポスに連れて行った時、

パーンとシュリンクス

ファン・バーレン他画　1615年以降
ロンドン・ナショナル・ギャラリー

すべての神々が祝福してくれたので、汎《パン》と名付けられました。パーンは成人するとシュリンクスというニンフに恋をします。しかし、シュリンクスは一向に振り向いてくれません。ある日、シュリンクスに出会い、自分の思いを打ち明けようとしますが、シュリンクスは逃げ出してしまいます。パーンが追いかけると、逃げ切れなくなったシュリンクスは川に飛び込み一本の葦に変身してしまいました。

パーンは川に生える沢山の葦の中から一本を引き抜き、草笛をつくりました。その笛はシュリンクスの声のように美しい音色でしたから、葦の笛をシュリンクスと呼ぶようになりました。

ある時、ナイル川の岸辺で他の神々と宴に参加して葦笛を吹いていると、怪物のテューポンが現れました。テューポンは大地ガイアが自分の子のタルタロスと交わって産んだ怪物で、エベレスト山よりも巨大な半人半獣（肩から腿までは人間で頭は竜が百も付いている）。歩くたびに気持ちの悪い音を出します。突然のテューポンの出現に、みんないっせいに色々な姿に変身して逃げました。パーンも魚に変身しようと思い川に飛び込みます。ところが、慌てていたために、水に濡れた部分だけが魚になり、胴から上が山羊のままでした。ゼウスはその事件を記念してパーンの下半身が魚の姿を天に上げて星にしました。それが山羊座です。

［水瓶座の星座石］ *Aquarius* アクアリウス

・水瓶座がよく見える季節＝秋　十月下旬
・黄道十二星座の第十一座にあたる宝瓶宮《ほうへいきゅう》＝一月二十一日〜二月十八日
・支配惑星＝土星
・守護神＝クロノス（ギ）、サトルヌス（ロ）、サタン（英）
・守護色＝茶色
・星座石＝土星を象徴するクロノスに捧げる石（土星の象徴石）を中心に特に透明石が選ばれている。

【宝瓶宮の特徴】

元素４区分	風の宮
活動３区分	不動宮
性別	男性宮
季節	冬の宮
南北	南の宮
シンボル	人間宮

［占星術のマーク］

水の波動（波）を表す。

水瓶座の守護星座石……［★］は代表星座石

サファイア［★］
ブラック・ダイヤモンド
ブルー・ダイヤモンド
ブラウン・クォーツ（茶水晶）
ブラウン・ジルコン
ドラバイト

（それぞれの石については、92頁「土星の象徴石」参照）

ローマ、パラッツォ・ファルネーゼの天井に描かれた水瓶座

水瓶座の守護星座石が意味するもの

水瓶座の繊細で純粋、深い信仰を象徴する石。水瓶座の理想主義の象徴。水瓶座の不均衡や偏執性を改善しながら守る。自己満足に陥りやすい水瓶座に広い視野を与えながら守る。

【水瓶座伝説】I

美少年で知られるトロイの王子ガニメデスに魅せられた曙の女神エオスは、彼をさらってオリンポス宮殿のゼウスのもとに連れて行きました（ゼウス自身が鷲に化けて王子をさらってきたという説もあります）。ところが、ゼウスの妻ヘラがガニメデスの存在を知ったことから、ゼウスはヘラの嫉妬からガニメデスを守るために天に上げ星にしました。星になったガニメデスは肩のあたりに瓶を抱えています。アクアリウスは水を運ぶ男を意味する言葉で、水瓶座は古代バビロニア時代には、雨期に向けて貴重な水を確保するための目印でした。

【水瓶座伝説】II

世界が青銅の時代を迎えていたころ、人々は欲と悪に溺れ争いが絶えませんでした。大神ゼウスは憂い災害を起こすことを考えていました。そんな中にあってプロメテウスの息子のデカリオンとその妻ピュラは領地のテッサリアを節度をもって治め、神々を敬うことを忘れませんでした。プロメテウスはゼウスが世界を滅ぼそうとしていることに気づき、デカリオンに箱船を作って逃れるようにいいつけます。デカリオンが妻とともに舟にのりこむと大洪水が起き（洪水は九日間続き）地上に生き残ったのはパルナッソス山頂上に舟が辿り着いたデカリオン夫妻だけでした。そののちデカリオンの投げた石から男性、妻の投げた石から女性が誕生し、再び人類は増えていきました。この功績を讃えてゼウスがデカリオンを星にしました。

ガニメデスの掠奪
ルーベンス画　1636-40年
プラド美術館

［魚座の星座石］

Pisces ピスケス

・よく見える季節＝晩秋〜初冬　十一月下旬
・黄道十二星座の第十二座にあたる双魚宮《そうぎょきゅう》＝二月十九日〜三月二十日
・支配惑星＝木星
・守護神＝ゼウス（ギ）、ユピテル（ロ）、ジュピター（英）
・守護色＝紫色
・星座石＝木星を象徴するゼウスに捧げる石（木星の象徴石）を中心に特に透明石が選ばれている。

【双魚宮の特徴】

元素4区分	水の宮
活動3区分	柔軟宮
性別	女性宮
季節	冬の宮
南北	南の宮
シンボル	魚宮
性格	多産宮、二元宮

［占星術のマーク］

♓

親子の魚（または両極端な2つのもの）の繋がりを表す。

✵魚座の守護星座石……［★］は代表星座石、［☆］は特別守護石

アメシスト［★］
バイオレット・サファイア
クンツァイト
パープル・スピネル
バイカラー・クォーツ（アメトリン）［☆］
アイオライト［☆］

＊古代にはアクアマリンが漁師たちの守護石だったことから、これを魚座に加える研究者もいます。
（それぞれの石については71頁「木星の象徴石」参照）

［二元宮としての魚座の特別守護石］

・バイカラー・クォーツ（アメトリン）　紫のアメシストと黄のシトリンは同じ水晶ですが、この二つの鉱物が混ざり合い黄色がかったアメシスト、紫がかったシトリンが不思議な雰囲気を提供しています。最近はアメシストとシトリンを合成して「アメトリン」の名で呼ばれ、魚座（アメシスト）のもうひとつの守護石として人気を得ています。魚座が二元宮の星座であることに起因しています。

・アイオライト（菫青石）　濃いスミレの花の色の石ですが、ブルー・サファイアに酷似したその色は一見、見間違うほど。特にスリランカやインドの川床から産出されるために「ウォーター・サファイア」と呼ばれることがあります。川から採れるので、魚座（水の宮）の星座石になっただけではありません。実はアイオライトは角度を変えて真横から見ると黄色に見えるという多色性の特徴があるのです。

魚座は占星術でも二元宮（二つの違う世界に住む）という特性を持っています。星座伝説においても二匹の魚で描かれている魚座の本当の姿は、愛と美の女神アプロディテと息子のエロスです。二元の世界を見せるアイオライトが魚座の象徴石として特に選ばれた理由です。

✲魚座の守護星座石が意味するもの

魚座の謙遜と正直の象徴。慈悲と癒しの象徴。曖昧、優柔不断な魚座に正しい方向性を導く。利己的、思い込みの激しい魚座に正しく霊力を与える。

【魚座伝説】

愛と美の女神といえば誰でも知っているアプロディテ（英語ではヴィーナス）です。彼女の夫は鍛冶の神へパイストスですが、夫以外にも多くの神々と愛し合い、恋をして、多くの子供を産みま

アプロディテとエロス

リッチ画　1713年
チズウィック・ハウス

す。軍神アレースとの間にはディモス（恐怖）とポポス（敗走）という息子たちとハルモニア（調和）という娘をもうけ、伝令神ヘルメスとの間にはヘルマプロディトス（両性具有）、酒神デュオニッソスとの間にはプリアモスがいます。最も良く知られるのはゼウスとの間に生まれたエロス（英語のキューピッド）でしょう。エロスは愛（性愛）あるいは恋愛を意味する言葉ですが、神話でも愛の使者として、いつも母神と行動を共にして描かれています。

魚座は、そのエロスとアプロディテが魚に変身した時の姿です。ある時、神々がナイルの岸辺で宴を開いていました。宴も佳境に入って盛り上がりを見せると、突然、怪物テューポンが宴に参加しようとやって来ました。神々は慌てて変身などして姿をかくしました。宴に参加していたアプロディテも息子のエロスを引き寄せると、はぐれることがないようにリボンで自分の足とエロスの足を結び、そろって川にドボーン！　そして見つからないように魚に変身しました。

魚座は星になった二匹の親子の魚がリボンで繋がって描かれていますので、「双魚宮」ともいいます。このとき同時に川に飛び込んだパーンは山羊座になりました。

3 相性の良い星座と宝石たち

占星術では古代より黄道十二星座を性格別（エレメント別）に四つに分類。相性のいい星座を導き出すために次のように大きく分類されています。

（1）火の星座群……獅子座、牡羊座、射手座
（2）水の星座群……魚座、蟹座、蠍座
（3）風の星座群……天秤座、双子座、水瓶座
（4）地の星座群……牡牛座、山羊座、乙女座

近年、発見された鉱物も注目されるようになり、ファッションも多様化してくると、星座石だけでは物足りないという方も多く、サブストーン（大吉に次ぐ吉石として）に注目が集まりはじめています。占星術の相性判断に基づき新しく発見された石も含めてサブストーンも四つのグループに

分類されています。
この大別された四つのグループに属するそれぞれの星座生まれの人たちは相性がいいとして、共通の星座石（守護石）を手にすることができます。（近年に新しく発見された石も含む）相性のいいグループと宝石類は次の通りです。

グループ1

✲火の星座群……いつも心を燃やす情熱と鋭角的な感性

I 獅子座（帝国を意味し、権力の象徴）
行動力溢れる牡羊座、射手座とは相性がベストで何事にも気が合います。双子座と天秤座とは上手くやれるけど、牡牛座と蠍座を好きになれません。特に、行動派の獅子座にとって、精神性を大切にする乙女座、山羊座、蟹座、魚座とは不協和ばかりでうまくいきません。

II 牡羊座（植物の発芽を意味。生命力と躍動力の象徴）
同じ火のグループの獅子座、射手座とは相性もベスト。牡牛座は火星に支配されているので、行動力抜群。力強い闘争性、素早い認識と統率力も獅子座や射手座に共鳴するものがあります。双子座と水瓶座とは上手くつき合えますが、山羊座、蟹座を好きになれません。行動第一の牡羊座にとって、地に足をつけて現実を直視する牡牛座、乙女座、蠍座とは理解し合えません。

III 射手座（理性と本能の二面性。神聖なパワーの象徴）

射手座の支配星は木星、守護神は天上界を統括する神々の王ゼウスです。活動的な射手座は牡羊座と獅子座とはとても気が合います。天秤座、水瓶座とは仲良くできますが、牡牛座、山羊座、蟹座、蠍座とは仲良くするのは難しく、特に乙女座と魚座を好きになれません。

［火のグループにとって相性の良い石たち］

このグループ宮の生まれの人は昼間に生まれれば、太陽の支配を受け、夜間に生まれれば、木星の支配を受けるとされています。したがってサブストーンの主なものは下記のようになります。

［昼間に生まれた人］

ダイヤモンド（金剛石）
ホワイト・サファイア（コランダム）
アクロアイト（無色トルマリン）

［夜間に生まれた人］

スギライト
ラベンダー・ジェダイト

ロック・クリスタル（水晶）
タイガーアイ（虎目石）
アンバー（琥珀）

グループ2

✲水の星座群……流動的で精神性を大切にする

I 魚座（二匹の魚。肉体と精神の象徴）

魚座は蟹座、蠍座とは水の宮で相性が良く、ツーカーのところがあり上手くいきます。また、穏やかな牡牛座や山羊座と仲良くしますが、双子座と射手座を好きになれません。激しい性格の天秤座、牡羊座、獅子座とは仲良くできません。

II 蟹座（生命を宿す子宮を意味する母性の象徴）

蠍座、魚座とは相性が良く、すぐに共鳴し合います。牡牛座と乙女座とは仲良くしますが、牡羊座、天秤座は好きではありませんし、獅子座、射手座、双子座、水瓶座とは仲良くなれません。

III 蠍座（不死の魂の象徴）

蟹座と魚座とは、相性が良くすぐに共鳴し合います。また、山羊座と乙女座とは仲良くしますが、水瓶座、獅子座は好きではありません。牡羊座、射手座、双子座、天秤座は相性が悪く協調できません。

［水のグループにとって相性の良い石たち］

このグループ宮の生まれの人は、昼間に生まれても、夜間に生まれても、火星の支配を受けるとされています。したがって火星の象徴石はサブストーンとしてのパワーを発揮するとされています。

主な石は次の通りです。

［昼間、夜間生まれの人に共通］

ファイア・オパール
レッド・ジャスパー
ヘマタイト（赤鉄鉱）
紅翡翠
ロードクロサイト（インカローズ）

グループ3

風の星座群……知的で協調性に富む

I 天秤座（公平と調和の象徴）

双子座、水瓶座とは相性が良く、何事も上手くいきます。獅子座、射手座とは仲良くできるのですが、山羊座、蟹座は好きではありません。牡牛座、乙女座、蠍座、魚座とは相性が悪く、理解し合うことができません。

II 双子座（知識の交流を意味し、知性と言語の象徴）

天秤座と水瓶座と相性が良く共鳴し合います。牡羊座、獅子座とは仲良くできますが、乙女座、魚座とは仲良くできません。牡牛座、山羊座、蟹座、蠍座とは相性が悪く、理解し合えません。

III 水瓶座（悪や汚れを洗い流す知恵の象徴）

天秤座と双子座とは相性が良く共鳴し合えます。牡羊座と射手座とは仲良くしますが、牡牛座と蠍座は好きになれません。特に乙女座、山羊座、蟹座、魚座とはどうしても理解し合えません。

[風のグループにとって相性の良い石たち]

このグループ宮の生まれの人は昼間に生まれれば土星の支配を受け、夜間に生まれれば水星の支配を受けるとされています。したがってサブストーンの主なものは次のようになります。

[昼間に生まれた人]

ドラバイト
ブラウン・クォーツ
サファイア（コランダム）
アキシナイト
ブラウン・ダイヤモンド
ブラウン・ジルコン
コーネルピン

[夜間に生まれた人]

トパーズ（黄玉）
イエロー・ジルコン
シトリン（黄水晶）
イエロー・ダイヤモンド
イエロー・ベリル
ドラバイト
イエロー・オーソクレース
イエロー・サファイア

グループ4

✲地の星座群……地に足のついた現実性と実際性に富む

I 牡牛座（実りを意味し富と豊かさの象徴）

乙女座、山羊座と相性が良く、何事も共鳴し合います。蟹座、魚座と仲良くしますが、獅子座、水瓶座を愛することができません。特に、牡羊座、射手座、双子座、天秤座とは仲良くできません。

II 山羊座（自力で立ち上がることを意味する。足場の象徴）

牡牛座、乙女座と相性が良く共鳴し合います。蠍座、魚座とは仲良くしますが、牡羊座、天秤座を好きになれません。特に獅子座、射手座、双子座、水瓶座とは理解し合うことができません。

III 乙女座（処女性、純潔を意味。正義と秩序の象徴）

山羊座、牡牛座と相性が良く、何事にも共鳴し合います、蟹座、蠍座と仲良くします。双子座、射手座を好きになれません。天秤座、水瓶座とは理解し合うことができません。

［地のグループにとって相性の良い石たち］

このグループ宮の人は昼間に生まれれば金星の支配を受け、夜間に生まれれば月の支配を受けます。したがってこのグループのサブストーンは次のようになります。

［昼間に生まれた人］

エメラルド
グロッシュラーライト
タンザナイト
翡翠
ヒデナイト
デマントイド・ガーネット
マラカイト

［夜間に生まれた人］

ムーンストーン
ホワイト・オパール
ラブラドライト
ホワイト・カルセドニー
セレナイト
パール
珊瑚

したユダヤ人が婚約指輪には女性の生まれた月を象徴するラッキーストーンをと提唱。風習を広めたことから「誕生石」として女性と切り離すことができない石として12種の石が決まりました。

しかし、最初は守護石の意味が、国によるイメージや季節のイメージなど諸々の条件によって変化し、民族によって石の決め方が様々でした。

20世紀に入ると多くのユダヤ人がアメリカに移住。従来の民族による12系統を中心にした誕生石の系譜も、ダイヤモンド交易が活性化するなかで、アメリカ系とイギリスを中心にしたヨーロッパ系に大きく二分されるようになりました。

◆世界の誕生石

1912年、アメリカの宝石組合がカンザスシティで大会を開いて原則的な誕生石を決め、その後何度かの見直しがはかられ、各国もそれにならったといわれています。

月	日本	イギリス	アメリカ	フランス
1月	ガーネット	ガーネット	ガーネット	ガーネット
2月	アメシスト	アメシスト	アメシスト	アメシスト
3月	アクアマリン 珊瑚	アクアマリン ブラッドストーン	ブラッドストーン	ルビー
4月	ダイヤモンド	ダイヤモンド 水晶	ダイヤモンド	ダイヤモンド
5月	エメラルド 翡翠	エメラルド	エメラルド	エメラルド
6月	パール	パール ムーンストーン	パール ムーンストーン	ホワイト・カルセドニー
7月	ルビー	ルビー カーネリアン	ルビー	カーネリアン
8月	ペリドット	ペリドット サードニクス	ペリドット サードニクス	ペリドット サードニクス
9月	サファイア	サファイア ラピスラズリ	サファイア	ペリドット
10月	オパール	オパール	オパール トルマリン	パール アクアマリン
11月	トパーズ	トパーズ	トパーズ	トパーズ
12月	トルコ石	トルコ石	トルコ石 ラピスラズリ	トルコ石 マラカイト

Columun 5

★誕生石★
星座石との違いは？

よく「誕生石と星座石はどう違うの？」という疑問を耳にします。分かりやすくいいますと、誕生石は宝石関係者の組織である宝石組合が決めたものです。一番最初に決めたのはアメリカでした。1912年に宝石組合が大会を開いて原則的な誕生石を選定。続いてイギリスの貴金属組合が新しい誕生石を選定。これらを基準にして1958年に日本の誕生石も選定されました。

といっても、関係者が勝手に決めたわけではありません。「旧約聖書」「新約聖書」に登場する12の聖石を中心にそれぞれの国の事情（産出事情・国石など）を考慮して決めたといわれています。

◆古代ユダヤ・キリスト教がルーツ

イスラエル民族の神話をまとめた旧約聖書はユダヤ教、イスラム教、キリスト教に共通の聖典とされ、西洋の文化を紐解く上で重要な手がかりです。宝石文化史においても例外ではなく、ユダヤ人が宝石信仰（文化）の浸透に果たした役割は大きく、旧約聖書はその原点ともいえます。

旧約聖書の「出エジプト記」と「エゼキエル書」各28章にある、ユダヤの高僧の胸あては、特に現在の誕生石の種類と順序を決定する基になっているといわれています。この「高僧の胸あて」ともいわれる胸飾りはモーゼを育てたエジプトの身分の高い高僧たちが着けていたというもので、イスラエルの12の部族の名前を彫った12種の宝石が3個ずつ4段に縫い込まれていました。これが後の誕生石の基になったといわれています。

また、新約聖書の「ヨハネの黙示録」の一節（第21章）に天から降臨した「聖なる神の都」について語られています。そこには12の城壁があり12の門がある、12の土台は12の宝石で飾られていると……。この12という数字がそのままマンスストーンになり誕生石のもう一つの基になったといわれています。この12の城壁に飾られた12の石は、古代カルデア人などによって星占いにも引用されていました（15頁「キリスト教と占星術」参照）。

◆国によって異なる誕生石

18世紀頃、ポーランド地方に移住

天文学者

フェルメール画　1668年
ルーヴル美術館

★III★

宇宙と宝石

小宇宙の星座石たち

1 ルネサンス時代の宇宙観と宝石

バビロニア人は太陽の軌道である三六〇度の黄道帯（獣帯）を発明し、その百年後には黄道帯を十二分割して黄道十二宮を考案。占星術は、この黄道十二宮を基本として発展を続けますが、やがてバビロニアを征服したギリシャによってさらに精密な原理（人の運命に重大な影響を与える上昇宮の思想や、惑星同士が形成する角度による運命判断）の探求がなされ、エジプトによって大成されました。中世には錬金術師たちにも利用され、十三世紀から十五世紀にかけて占星術は非常な勢いでヨーロッパ全土に広がりました。時は諸学が花開いたルネサンス真っ盛りでした。この時期、黄道十二宮は人体（ミクロコスモス＝宇宙）の各部分の機能と結び付きました。ミクロコスモスは人体の部分の「顔」にも「手のひら」にも存在して大宇宙から支配されている、つまり人体も天体の宇宙と同じように星座が支配して星の通る道（黄道）があるという原理が浸透します。

このイラストは、十五世紀に描かれたフランスのベリー候の時禱書にある、最も有名な十二宮の

ベリー侯のいとも豪華なる時禱書

1411-86年頃　コンデ美術館

絵の一つですが、当時の宇宙観をよく表しています。上から左回りに牡羊座から魚座にいたるまで描かれていて、中の女性の頭の先から、足の先までそれぞれの星座が対応する身体の部分を示しています。外周を取り巻く星座はマクロコスモス、内部は人間のミクロコスモスを表しています。

[宝石を身に着ける場所]

錬金術師たちと占星術師たちによって考え出された小さな宇宙と宝石の関係は、後の多くの文献に見ることができます。一六九二年に出たウォルフィイの『奇妙な護符の研究』によると、「病気を取り除いたり、直したりするために宝石を身に着ける場合はそれぞれ、宝石によって、その場所も違う」と著しています。

これは、マクロコスモスの星座に捧げた守護石は、身体の中のミクロコスモスの部分にも対応してその部分を守護するという考えによるものです。ただ、この黄道で星座が支配する部分はその星座生まれの人間にとって、星座の加護を受け止めるチャクラ（エナジースポット）と考えられていました。それだけに不調なときも大きな影響を与えるというわけです。つまり、武器になるかアキレス腱になるか、強いか弱いかのどちらかということでした。そこで、気になる部分にその星座の守護石を置いて、宇宙の波動を受け止めようとしました。その部分が弱っていれば守護石は宇宙のエネルギーを補給し、強い部分はますます強化をはかってくれると考えたのでした。

✲人体も小さな宇宙

ルネサンス時代には、特に人体と黄道十二宮の対応について、実に様々な理論や説明が繰り返されました。この人体と黄道十二宮の対応関係は、すでに紀元一世紀の時点で「地上の世界は、天上の世界の動きと結び付いている」というアリストテレスをはじめとするギリシャの賢者の思想でもあったのです。この思想をルネサンスの占星術師たちは、知識を補強しながら理論立てていきました。十二星座と人体の対応は、ルネサンス時代と大きく変化することなく現在の占星術に組み込まれています。一般的な対応は次の通りです。

［人体と黄道十二宮の対応］

・**牡羊座**……牡羊座の人のスポットは頭部
　この星座の人は頭痛、不眠症、脳、目の病気に悩まされやすい。
・**牡牛座**……牡牛座の人のスポットは首と喉
　この星座生まれの人は咽喉炎、咽頭炎、甲状腺腫瘍、扁桃腺炎などになりやすい。
・**双子座**……双子座の人のスポットは腕と胸（肺あたり）

この星座生まれの人は腕力に自信があるため腕の故障をおこしやすい。

・蟹座……蟹座の人のスポットは乳房と胃
この星座生まれの人は胃病、水腸、乳腺炎などになりやすい。

・獅子座……獅子座のスポットは心臓と背中
この星座生まれの人は心臓病、血液の病気にかかりやすい。

・乙女座……乙女座のスポットは腸
この星座生まれの人は便秘、直腸癌、腹膜炎、貧血になりやすい。

・天秤座……天秤座のスポットは腰、仙骨
この星座生まれの人は腎炎、糖尿病、腰痛、リウマチになりやすい。

・蠍座……蠍座のスポットは子宮、卵巣、睾丸などの性殖器及び排泄器官
この星座生まれの人は性殖器や、泌尿器の病気にかかりやすい。

・射手座……射手座のスポットは太腿、腰部（現在は肝臓）
この星座生まれの人は腰の関節、腰痛になりやすい。

・山羊座……山羊座のスポットは膝（現在は骨格全体）
この星座生まれの人は膝、関節痛、皮膚病にかかりやすい。

・水瓶座……水瓶座のスポットは脚

この星座生まれの人は神経、循環器の病気、くるぶしの故障などおこしやすい。

・魚座……魚座のスポットは足、足の裏

この星座生まれの人は魚の目、たこ、水虫などになりやすい。

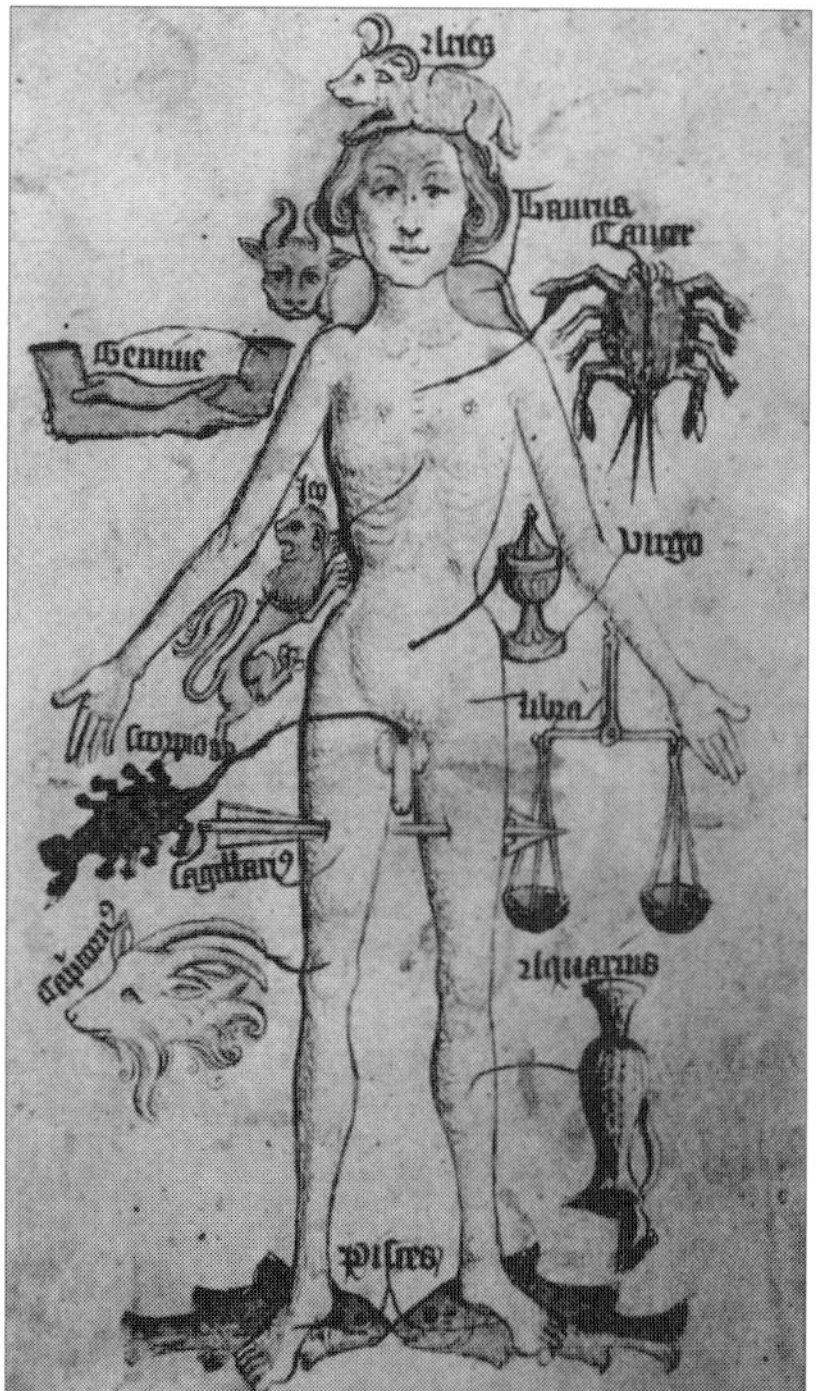

人体と黄道十二宮の対応を表す15世紀の写本

大英図書館

手のひらの小宇宙

古代の人は十二という数のなかにミクロからマクロまで一貫した宇宙観をもっていました。からだに宇宙があり、それは手や足にもあると信じられ、特に手は不思議なパワーがあると考えられていました。右手はプラスの働き、能動的、前進、つまり自分のエネルギーを放射して他者への強化力を高め、左手はマイナスに働き、受動的吸収、外からのエネルギーを受けとり精神と肉体を強化(左手と右手はあくまでもバランスが大切と示唆しています)。旧約聖書(「ヨブ記」第三章七節)の中でも、「彼はすべての人の手を封じられる。これはすべての人にみわざをしらせるためである」とあり(ヘブライ語原典では「神はすべての人の手の中に印をつけたまう。これすべての人の子にその職分を知らしめんがためなり」)、神が人の手の中に色々なことを知らせるためにパワーを封じたと信じられていたことが伺えます。手のひらと五指が受け止める天体の波動は次の通りです。

- ・**金星**……金星のスポットは親指の付け根
- ・**木星**……木星のスポットは人指し指
- ・**土星**……土星のスポットは中指
- ・**太陽**……太陽のスポットは薬指の下(太陽丘、人気線)

・水星……水星のスポットは小指

・牡羊座……親指

・牡牛座……親指の下のふくらみ（金星丘）

・双子座……生命線

・蟹座……小指の下（付け根）のふくらみ（月丘）

・獅子座……感情線

・乙女座……小指

・天秤座……結婚線（小指の付け根）

・蠍座……薬指

・射手座……頭脳線

・山羊座……中指

・水瓶座……運命線

・魚座……人指し指

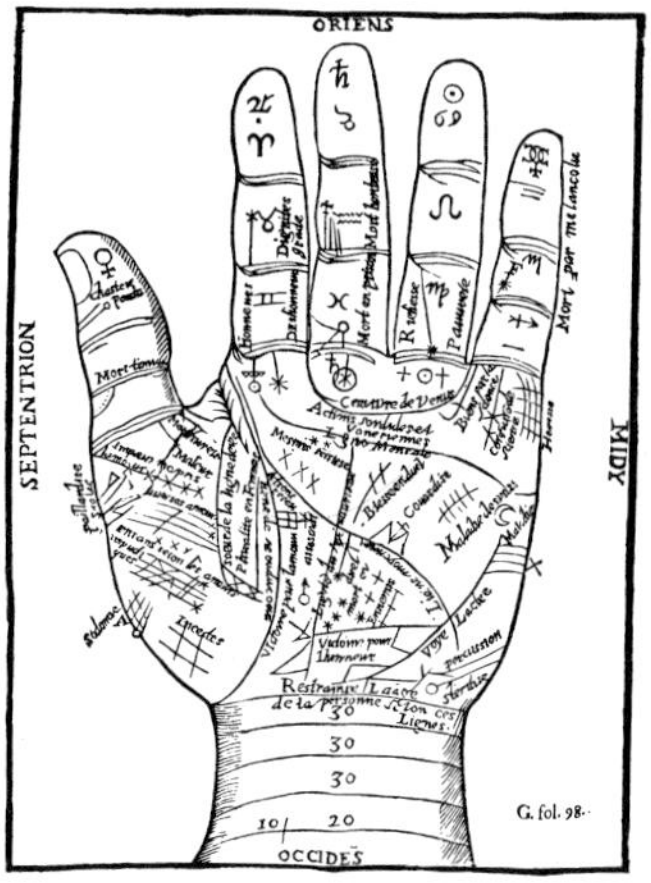

17世紀に手相術に用いられた左手のひらの図解

顔の中の小宇宙

東洋では人の相が顔に出るとして、人相占いに発展しましたが、同じように、占星術でも人の顔の中にホロスコープを描き、気になるところに七惑星に捧げる石をおいて星に加護を祈ったとされています。各惑星の支配する箇所は（時代とともに変化を繰り返しましたが）、次の通りです。

・太陽……額を支配
・月……頭脳を支配
・火星……右の鼻孔を支配
・水星……舌を支配
・木星……右の目を支配
・金星……左の鼻孔を支配
・土星……左の目を支配

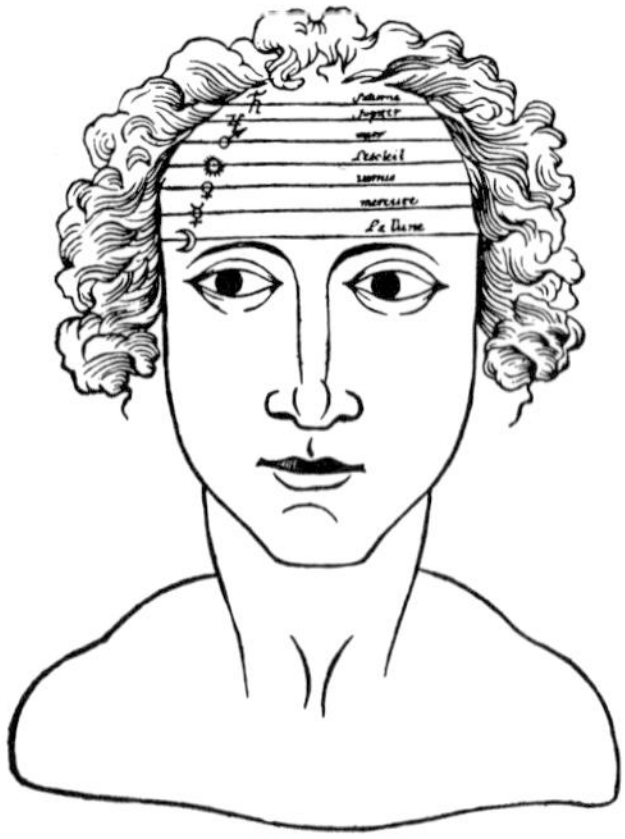

17世紀に観額術に用いられた額のしわと惑星の位置を示した図

2 東洋の宇宙観と宝石

【中国の占星術】……月の道（白道）二十八宿

バビロニアで生まれた西洋占星術は太陽の通り道（黄道）に十二の星座を選び占いに利用したのが始まりでしたが、古代中国の占星術は、月の通り道（白道）に星座を選び占いに利用しました。本来は月や太陽の位置をおしはかるための天文学的なものでしたが、西洋占星術と同じように、やがて吉凶判断に使われるようになりました。

黄道十二星座が黄道を通過する約一カ月間を「宮」と呼称しますが、白道は月が一カ月を二十八日弱で廻るとして一日に一座を割あて「宿」と呼称。月の軌道上の二十七の星座と軌道上ではないが、吉祥の象徴「牛」を加え、東西南北に七宿ずつ配されました。東西南北それぞれ方位を守る霊神で、仏教を守護する四神獣（竜・亀・虎・鳳）が、それぞれの方位を支配。早くから日本にも伝わり、奈良県の明日香村の高松塚古墳の壁に二十八宿の星々とともに（鳳は判明不可能でしたが）四神獣が描かれていたことは周知の通りです。

やがて四神獣は方位の神として、竜（東）＝蒼竜、亀（北）＝玄武、虎（西）＝白虎、鳳（南）＝朱雀と呼称されるようになり、それぞれに季節が冠せられました。江戸時代までは、圧倒的人気を誇った二十八宿ですが、現在は暦の八段目か九段目に「二十八宿」として一〜二十八が順を追って載っていますのでご参照ください。ちなみに二十八宿は密教にも取り入れられ、それぞれの神が配されています。（　）内は密教の星神。

［東方・蒼竜七宿］　蒼竜を象徴する色＝青

＊東に属する七星（宿）の守護石は青色の石（緑の石を加える見解もあり）

①角（かく）……す星（彩色の神）
②亢（こう）……あみ星（風の神）
③氐（てい）……とも星（善格の神）
④房（ぼう）……そい星（完成の神）
⑤心（しん）……なかご星（最尊の神）

⑥尾（び）………あしたれ星（根元の神）
⑦箕（き）………き星（不可侵の神）

［北方・玄武《げんぶ》七宿］　玄武を象徴する色＝黒

＊北に属する七星（宿）の守護石は黒色の石（透明石を加える見解もあり）

⑧斗（と）………ひつき星（不可侵の神）
⑨牛（ぎゅう）…いなみ星（勝利の神）
⑩女（じょ）……うるき星（学問の神）
⑪虚（きょ）……とみて星（貧財の神）
⑫危（き）………うみやめ星（薬と毒の神）
⑬室（しつ）……はつい星（賢足＝賢さ、素早さ）
⑭壁（へき）……なまめ星（賢足＝賢さ、素早さ）

［西方・白虎《びゃっこ》七宿］　白虎を象徴する色＝白

＊西に属する七星（宿）の守護石は白色の石（白珊瑚、真珠を加える見解もあり）

⑮奎（けい）……とかき星（美と財の神）
⑯婁（ろう）……たたら星（作戦の神）
⑰胃（い）……こきえ星（長命の神）
⑱昴（ぼう）……すばる星（火の神）
⑲畢（ひつ）……あめふり星（木の神）
⑳觜（し）……とろき星（月の神）
㉑参（しん）……からすき星（暴風雨の神）

［南方・朱雀《すざく》七宿］　朱雀を象徴する色＝赤
＊南に属する七星（宿）の守護石は赤（橙色を加える見解もあります）

㉒井（せい）……ちちり星（富財の神）
㉓鬼（き）……たまほめ星（繁栄の神）
㉔柳（りゅう）……ぬりこ星（不染の神）
㉕星（せい）……ほとほり星（財力の神）
㉖張（ちょう）……ちりこ星（善徳の神）

㉗翼（よく）……たすき星（善徳の神）
㉘軫（しん）……みつかけ星（像鼻の神）

［風水にも組み込まれた四神獣］

この二十八宿は方位を守護することから、風水などにも活用されています。風水では中央に黄帝を配し、四神獣は次のように意味付けされています。


（北）＝玄武帝……午前十二時（闇の色・黒を支配）

地形としては、北に亀のような姿の大きな山があると吉。

（東）＝青竜帝……午前六時（朝の色・青を支配）

地形としては、東に竜をイメージさせる大きな川があると吉。

（南）＝朱雀帝……昼の十二時（活動の赤を支配）

地形としては、西に鳳が羽ばたく大きな平野があると吉。

（西）＝白虎帝……夕方の六時（昼から夜に向かう白を支配）

地形としては、西に虎が堂々と歩くイメージの大きな道があると吉。

（中央）＝黄帝（中国では最高位の帝とされる）……東西南北の中央（実りの大地を意味する黄

色を支配。金色を加える見解もあります)。

＊相撲の国技館は、中央の土俵(黄)を中心に東の青竜神に捧げる青の房を東北隅に、南の朱雀神に捧げる赤い房を東南の隅に、西の白虎神に捧げる赤の房を西南の隅に、そして北の玄武神に捧げる黒い房を西北の隅に飾り四神の加護を表しています(ちなみにこの房は吊り屋根になる前は、屋根を支える柱、四本にそれぞれの色の布を巻き付けていました)。

＊ユダヤ教の伝説では、神からソロモン王に授けられた宝もの(四種の宝石)は、東西南北を表す宝石だったといわれています。赤(ルビー)、青(ラピスラズリ)、黄(トパーズ)、緑(エメラルド)で、この四つの宝石で世の中を治める力を得たといわれています。

[季節に振り当てられた四神獣]

二十八宿は本来、月や太陽の位地をおしはかり季節を定める方法として考え出されたものですから、当然、四獣を象徴する方位と色は、そのまま季節にも振り当てられました。

・北(玄武)黒＝冬の象徴
・東(蒼龍)青＝春の象徴(＊「青春」という言葉はこれに由来)
・南(朱雀)赤＝夏の象徴

・西（白虎）白＝秋の象徴（＊詩人・北原白秋の名前「白秋」はこれに由来）

＊占星術に通じていたカルデア人も宝石を四季に配分しました。春＝エメラルド、夏＝ルビー、秋＝サファイア、冬＝ダイヤモンドでした。

［七曜に振り当てられた二十八星座］

明治六（一八七三）年に、現在の太陽暦（太陽の運行に基づく）が実施されるまでは、日本は月の運行を基本にして暦が作られていました。月が白道軌道を一周するときに通過する二十八の星座を二十八宿と呼称。月や太陽の位置を推定する天文学的なものでしたが、方位を占う風水に引用され、やがて年、月、日に配当され、曜日占いにも引用されていきました。

	第一週	第二週	第三週	第四週
・日曜日……	虚（黒）	昴（白）	星（赤）	房（青）
・月曜日……	危（黒）	畢（白）	張（赤）	心（青）
・火曜日……	室（黒）	觜（白）	翼（赤）	尾（青）
・水曜日……	壁（黒）	参（白）	軫（赤）	箕（青）
・木曜日……	奎（白）	井（赤）	角（青）	斗（黒）

・金曜日……婁（白） 鬼（赤） 亢（青） 牛（黒）
・土曜日……胃（白） 柳（赤） 氐（青） 女（黒）

［四方神と二十八星に捧げる色］

四方神は中国の風水の影響を受けながら、日本に根をおろしたことから、象徴色も中国の伝統そのままに、南（赤）、西（白）、東（青）、北（黒）、中央（黄）ということになっています。これらはやがて東洋の代表的な石と結び付きました。代表的な四色を表す石は、次の通りです。

赤＝珊瑚 白＝真珠 青＝瑠璃・翡翠 黒＝黒玉・水晶

［四色をもっと楽しみたい方へ］

近年、日本の宝石市場は、驚くほど多種にわたって美しい石が登場。四神の色にこだわるのなら、東洋の石以外にも左記のような石も選択肢に加えてパワーアップをはかってみてはいかがでしょう。

赤＝ルビー、珊瑚、カーネリアン、ガーネット、スピネル、トルマリンなど
白＝ホワイト・カルセドニー、白珊瑚、真珠など

青（緑）＝サファイア、エメラルド、翡翠、ブルー・カルセドニー、ブルー・トパーズ
　ジルコン、アクアマリン、ブルー・ダイヤモンド、翡翠など
黒（茶）（透明）＝カンゴーム、ブラウン・クォーツ、オニクス、ヘマタイトなど

【インドの占星術】

西洋占星術と同じ、大宇宙と小宇宙の照応はインドでも早くから取り入れていました。占星術の理論はインド人が考えた輪廻世界の構造にぴったりだったからだといわれています。インドの九惑星（神）も、ギリシャ・ローマと同様にインド（ヒンドゥー教の）神に置き換えられました。

日曜……太陽＝スーリヤ（時としてヴィシュヌの化身として描かれる）
月曜……月＝ソーマ
火曜……火星＝マンガラ
水曜……水星＝ブダ

宝石で飾ったインド、ムガール帝国時代の皇帝シャー・ジャハン
1627-28年
メトロポリタン美術館

占星術に用いられたインドの星図

1840年頃

大英図書館

木曜……木星＝ブリハスパティ
金曜……金星＝シュクラ
土曜……土星＝シャニ―不吉星
蝕星……日食、月食の原因となる星（見えない星）＝ラーフ（頭部だけ）―不吉星
彗星……流れ星＝ケートゥ（首を切られたラーフの下半身）―不吉星

この九惑星に十二宮（羊宮、牛宮、夫妻宮、蟹宮、獅子宮、女宮、秤宮、蠍宮、弓宮、磨羯宮、瓶宮、魚宮）そして、土着の二十七宿（あるいは二十八宿）などに振り当てられて、インドのホロスコープ占星術が形成されていきました。

［九つの天体を表す宝石］……宝石は神の持ち物

ヒンドゥー教の古い本『ナララトナパリクシャ』に記されている「ラトナカストラス」（宝石論）には、ルビー、ダイヤモンド、真珠、珊瑚、トパーズ、エメラルド、キャッツアイ、サファイア（土星の石）が、天体を表す宝石として著されています。

街角のいたるところで売られているインド神話を描いた絵には、まばゆいばかりの宝石をまとった神々の華麗で神秘な姿が描かれています。宝石が神の持ち物であったことを、鮮明に物語ってい

宝石をまとった太陽神スーリヤ

ます。

【チベットの宇宙観】

［仏教宇宙と照応する身体］

簡単にいえば身体という小宇宙は仏の世界と重なり合う。身体には五つのチャクラがあり、それぞれに仏が座しているというのが、チベットヨーガの考えかたです。五つのチャクラとは次の通りです。

・毘盧遮那仏＝王冠のチャクラ（空）……身体の活動性＝白
・阿弥陀仏＝喉のチャクラ（火）……会話の機能＝赤
・阿閦《しゅく》仏＝心臓のチャクラ（水）……心の活動性＝青
・宝生仏＝臍のチャクラ（地）……功徳の活動性＝黄
・不空成就仏＝会陰のチャクラ（風）……行動力＝緑

【宝石の種類と色彩】……色と模様で違う呼称

◆ダイヤモンド（金剛石）——無色（ダイヤモンド）
黄（カナリー・ダイヤモンド）
褐色（ブラウン・ダイヤモンド）
緑（グリーン・ダイヤモンド）
青（ブルー・ダイヤモンド）
ピンク（ピンク・ダイヤモンド

◆コランダム——赤（ルビー）
青（ブルー・サファイア）
帯橙ピンク（パパラチア・サファイア）
黄褐色（ゴールデン・サファイア）

紫（バイオレット・サファイア）
黄（イエロー・サファイア）
緑（グリーン・サファイア）
無色（ホワイト・サファイア）

◆クリソベリル――黄緑（クリソベリル）
緑（グリーン・クリソベリル）
黄・褐色・黄緑［光彩効果］（キャッツアイ）
自然光で緑、電灯光で赤（アレキサンドライト）

◆トパーズ（黄玉）――黄（インペリアル・トパーズ）
ピンク（ピンク・トパーズ）
赤（レッド・トパーズ）
青（ブルー・トパーズ）
無色（ホワイト・トパーズ）

◆スピネル（尖晶石）――赤（レッド・スピネル）
ピンク（ピンク・スピネル）
黄橙（オレンジ・スピネル）
青（ブルー・スピネル）
紫（パープル・スピネル）
黒（ブラック・スピネル）

◆ベリル（緑柱石）――緑（エメラルド＝翠玉）
海水青色・薄青色（アクアマリン＝藍玉）
赤（ビックスパイト、またはレッド・ベリル）
黄金色（ゴールデン・ベリル）
ピンク（モルガナイト）
黄（イエロー・ベリル）
黄・黄緑色（ヘリオドール）
無色（ゴッシェナイト）

◆ジルコン（風信子石《ヒヤシンス》）

（A）ハイ・タイプ
　無色（ホワイト・ジルコン）
　青（ブルー・ジルコン）
　赤（レッド・ジルコン）
　褐色（ブラウン・ジルコン）
　橙色（オレンジ・ジルコン）

（B）ロー・タイプ
　緑、帯褐緑色（グリーン・ジルコン）

◆ガーネット（柘榴《ザクロ》石）

（A）アルマンディン・ガーネット（鉄ばん柘榴石）　暗赤、濃赤色

（B）パイロープ・ガーネット（苦ばん柘榴石）　血赤色

（C）ロードライト・ガーネット　赤色、帯紫赤色、紫赤色

（D）スペサルタイト・ガーネット（満ばん柘榴石）　橙赤～帯紫赤色、褐赤色

（E）グロッシュラーライト・ガーネット（灰ばん柘榴石）
　緑色透明（ツァボライト）
　帯褐色～帯褐橙色、帯褐赤色透明（ヘソナイト）

黄緑色（サロストサイト）
ピンク色（ローゼライト）
赤味の強い透明（シナモン・ストーン）
赤橙色（ジャシンス）

（F）アンドラダイト・ガーネット（灰鉄柘榴石）
緑色透明（デマントイド）
黄（トパゾライト）
黒色透明（メラナイト）

（G）ウバロバイト・ガーネット　クロム着色の緑色

◆トルマリン（電気石）——空青色（パライバ・トルマリン）
赤、ピンク（ルベライト）
無色（アクロアイト）
濃青（インディコライト）
緑（クロム・トルマリン）
黄（イエロー・トルマリン）

褐色（ドラバイト）
赤紫色（シベライト）
黒色不透明（ショール）
二つ以上の色（パーティカラー・トルマリン）
外側が緑、内側がピンク色（ウォーターメロン）

◆水晶類
無色（ロック・クリスタル）
紫（アメシスト＝紫水晶）
黄（シトリン＝黄水晶）
茶（ブラウン・クォーツ＝茶水晶）
黒（カンゴーム＝黒水晶）
金針入り（ルチレイテッド・クォーツ＝針水晶）
ピンク（ローズ・クォーツ＝紅水晶）
緑（グリーン・クォーツ＝緑水晶）
緑（グリーン・アベンチュリン・クォーツ）

◆瑪瑙《めのう》類

（A）カルセドニー……瑪瑙類で無地なもの

赤（カーネリアン＝紅玉髄）
青（ブルー・カルセドニー＝青玉髄）
緑（クリソプレーズ＝緑玉髄）
白（ホワイト・カルセドニー＝白玉髄）
黄（イエロー・カルセドニー＝黄玉髄）

（B）アゲート……瑪瑙類で縞目のあるもの

赤（サードニクス＝赤白縞瑪瑙）
黒（ブラック・オニクス＝黒瑪瑙）
緑（グリーン・アゲート＝緑瑪瑙）
黄（イエロー・アゲート＝黄瑪瑙）
緑（モス・アゲート＝苔瑪瑙）
色々な色と模様（ファンシー・アゲート）

◆翡翠

緑（ジェダイト）
紫（ラベンダー・ジェダイト）
青（ブルー・ジェダイト）
赤（レッド・ジェダイト）
黄（イエロー・ジェダイト）
暗緑色、黒（クロロメナイト＝濃緑玉）
白（白翡翠）

◆スポデューメン（リシア輝石）

ライラック（クンツァイト）
緑（ヒデナイト）

◆長石

乳色、灰白色（ムーンストーン）
赤灰色（サンストーン）
緑青、青（アマゾナイト）

◆オパール（蛋白石）――黒（ブラック・オパール）
白（ホワイト・オパール）
灰青色（ボルダー・オパール）
赤（ファイア・オパール）
無色（ウォーター・オパール）

◆ゾイサイト（ゆうれん石）――青（タンザナイト）
ピンク（チューライト＝桃れん石）
緑色（アニヨライト）

◆パール（真珠）――白（ホワイト）
黒（ブラック・パール）
ピンク、赤（コンク・パール）
ブルー（ブルー・パール）
シルバー（シルバー・パール）
ゴールド（ゴールド・パール）

黄（イエロー・パール）

◆コラール（珊瑚）――濃赤（血赤珊瑚）
赤（紅珊瑚）
桃（ボケ）
白（白珊瑚）
黒（黒珊瑚）

✵スター（星彩）効果のある宝石

星座石には特別に組み込まれていませんが、星座に関係なく楽しめる石として星彩効果のある石があります。サファイア、ルビーなどに三本の線（六条の星に見える）が現れる石があります。東洋では、古くからスター・サファイアを見た者には、幸運が舞い込むと信じられていました。ですから、東洋に旅行する西洋の人たちは、スター・ルビーを持ち歩いたといわれています。旅先でそれを見せると誰でもそのお礼として、温かくもてなしてくれるからでした。

十七世紀には、ドイツ人の間でもスター・サファイアは「勝利の石」と呼ばれていました。スター・サファイアは、三本の光の交差線が、「信頼」、「希望」、「運命」を表していると信じられていて、「運命の石」とも呼称されていました。現在でもスター・サファイアは、特別な石として人気に拍車がかかっています。というのも、スターの入った石を最初に持つと、その持ち主には、それが他人の手に渡った後でも、幸運が訪れるという言い伝えがあるからです。

サファイア、ルビーのほかにもスターの出る石としてローズ・クォーツや、ガーネットなどに四条の星彩が表れるものがあります。俗に「十字スター」といわれるもので、キリストのイメージと結び付き神聖にして奇跡の石として、若い人たちの人気を集めています。こうした宝石は星座石に関係なく楽しめる石の一つです。

ドラマティックジュエリー

――最も有名な星座石物語――

第一話 ルビー物語

——英国の名門王朝をつくった天空の焰

序章

古代ローマでは軍事と農事の始まる三月を一年の始まりとし、ローマ神話の軍事・農事を司るマルスにちなみ、その月をマーチと呼称した。十二星座においても、春分を起点にしてマルスに支配される牡羊座が最初に配された。ルビーはギリシャ神話のアレース（ローマではマルス）が宿る石と信じられていたことから牡羊座の星座石でもあった。アレースは同時に炎と情熱の神でもある。ルビーは天界の焰として多くの伝説を生んできた。なかでも有名なのは、男の野望と女の愛を思いのままに操ったとされる「黒太子」という名のルビーである。このルビーは、ヘンリー五世の愛と野望の末に、妻となったキャサリン・オブ・バロアの護符として輝いた宝石でもある。

彼女が初めてそのルビーを手にしたのは、英・仏の長い戦い——世にいう百年戦争が終わりに近い一四二〇年、ウェストミンスター寺院の鐘が鳴りわたり、神と国民が見守るなか。十八歳になった少女がこのイギリスの王妃として戴冠式を挙げようとしていたときのことであった。

頭上を飾る王妃の冠の中央に大きく美しい黒太子が輝いていた。

第一章　男の野望

その日こそ、十八歳の少女、つまりフランスのバロア王家のカトリーヌ・フランシスが、キャサリン・オブ・バロアとなってイギリスのヘンリー五世の王妃になった日であった。

イギリス国中のだれもが、ヘンリー五世が愛と王位を賭けて手に入れた王妃を心から祝福し、その美しさに満足していた。頭上の王妃冠には夫から贈られたあのルビーがその愛を象徴するかのように誇らしげに輝き、王妃の瞳も光に満ちているようであった。

王妃キャサリンは、このとき、伝説のルビーを頭上にいただいてフランス王家の自分がイギリス士と結婚することとなった不思議な運命の糸に思いを巡らせずにはいられなかった。

そもそも、このルビーは、さかのぼること五十三年前、中世騎士道の華とうたわれたブラックプリンス・エドワードがスペイン王から贈られたものである（このことから、後にこのルビーを「黒太子」とよぶようになった）。

ところが、この皇太子は王位につかないまま病死したので、未亡人の皇太子妃ジョアンがルビーを持ち、その後、息子リチャード二世の妃としてフランスから嫁いできたイザベルに譲ってしまう。

キャサリン・オブ・バロア

ロンドン、ナショナル・
ポートレート・ギャラリー

ヘンリー5世

ロンドン、ナショナル・
ポートレート・ギャラリー

しかし、リチャードがヘンリー四世に暗殺されたためイザベルはフランスに帰るが、このルビーはイザベルの妹でフランス国王妃のイザボー（キャサリンの母）に取り上げられてしまう。イザボーはこのルビーを、こともあろうにふたたびイギリスのヘンリー王家に贈り、

「ルビーは燃える愛の証、わが娘カトリーヌの愛とともに、次のヘンリー五世にお納め下さいませ。」

と、結婚の申し込みを添えたのである。ところが、ヘンリー五世はカトリーヌだけでなく、フランスの王位も一緒に要求した。その法外な要求は交渉決裂に決まっていた。ヘンリーは、

「ルビーは戦いと勝利のしるし、それを差し出したは、国も譲ったと同じ。姫だけでなく、国土も一緒に貰い受けようぞ！」

と、豪語し、フランスに攻め入ることを宣言したのだ。

第二章　世継ぎ誕生

「天空の炎よ、わが野望に栄光と勝利を！」

ヘンリー五世は、あのルビーを鎧の下に縫い込むと、カトリーヌへの愛と王位を賭けてフランスへ侵略を開始した。そして北フランスのアジンコートでの戦いの最中に落馬、危うく一命を落とすところだった。が、しかし、鎧が致命的な打撃を防ぎ、九死に一生を得て、戦いも大勝利に終わっ

たのであった。

ヘンリー五世はこうして、フランス領土の半分を確保し、この国の王位継承権を手に入れたのである。そして、彼は、約束通りにカトリーヌをイギリスとフランス両国国王ヘンリー五世の妃キャサリン・オブ・バロアとして迎えたのであった。

キャサリンはこのルビーと自分の運命を振り返りながら、複雑な思いにふけっていた。

やがて二年後、キャサリンはウィンザー城で王子（ヘンリー六世）を出産した。

このとき、彼女の手にはあのルビーがしっかりと握られていたという。ルビーには軍神が宿るので、それを持って出産すると、男子を授かると信じられていたからだ。そして、夢は現実となった。

第三章 幽閉

嫡子誕生もつかの間、夫のヘンリーが遠征先のパリの近くで病死するという悲しい出来事が起きた。

「王は、わたくしに炎の石をくだされた。手放されたために軍神に見放されたのでしょうか。」

キャサリンは、夫の死が、ルビーを自分に譲ったためと胸を痛めた。それにわずか三年足らずで未亡人になったというのに、一歳にも満たない我が子ヘンリー六世とも別れなければならなくなった。なぜ？　ヘンリー六世に王位が移ると、幼い王（九カ月の幼児）の補佐をめぐって激しい主導権争いに巻き込まれてしまったためである。いまや、キャサリンは微妙でやっかいな存在となった。側近たちはキャサリンが体調を崩したのを口実に、ベイナースの城に送り込んでしまった。つまり、幽閉である。しかし、彼女は、

「我が身の発熱は、熱き炎（ルビー）がこの身に移ったため、これぞ、吉兆なり。」

と幽閉をものともせず、ルビーをしっかりと握りしめ人里離れたベイナース城へ向かった。すべては炎の命ずるままであった。

第四章　孤独のなかで

二十一歳の若さで未亡人となり、そのまま幽閉されたキャサリンの脳裏に浮かぶのは、乳飲み子ヘンリー王のことだった。そんな彼女に同情し、懸命に尽くした男がいる。ベイナース城の納戸係兼秘書役の武官オウエン・チューダーである。

彼女は夜毎夫の夢を見た。幼い少女に十六歳年上のプリンスが、

「必ずそなたを妃に迎えに行くぞ。」

と微笑んでいる。その情熱的な瞳が忘れられない、とオウエンに話すと彼は笑顔で頷いて聞いてくれた。

いつしか、彼女は夢の中の夫の瞳がオウエンに似ていると思い始めていた。オウエンも次第に、

この若くて美しい王妃に密かな思慕を寄せるようになっていた。ルビーは戦いだけでなく恋の炎を燃え上がらせ勝利をもたらす魔力があることをこのとき二人は気づいていない。もっとも二十一歳の若い王妃にとってルビーの存在を忘れさせるほどの激しい恋も当然だ。だが、囚人同然の王妃といえども納戸係の男とは立場が違う。

第五章 激情の焔

キャサリンが恋の魔力に気がついたのは、チューダーの子を身もごった時だった。理性とは裏腹に求め合う愛の激しさ。逆らうことのできないまま激情の炎は燃やしつくすしかないと心に決めるのだった。あとはルビーの魔力で二人だけの愛の証を残すだけ……。

「愛しいチューダー。われはそなたの子を命がけで産みましょう。けれど生まれてくる子が葬られることのないよう、子どもを必ず守ってくだされ。」

道ならぬ恋の秘密も幽閉の身にはかえってもれる心配はなかった。その後もキャサリンは、オウエンとの愛をひた隠しにして、結婚をしないまま、結局三男一女をもうけた。生まれた子は城から出して、チューダーの遠縁で養育した。すべてが明るみに出たのは、長子エドモンドが、キャサリンを慕ってベイナース城に忍びこんだからであった。そのときキャサリンはすでに三人目の子を産んだあとだった。

終章　チューダー王朝の曙

キャサリンは忍んで来た息子エドモンドに、もう一人の息子ヘンリーを重ね合わせていた。

「そなたに母の宝をしんぜよう。成人したあかつきには、兄弟仲良く兄のヘンリー王を助けるがよい。きっとマルスの加護があろう。」

エドモンドにルビーを譲ったキャサリはまるで情念の炎を消すように、その数奇な生涯をオウエンの腕の中で静かに閉じたのだった。時に三十六歳の若さであった。

オウエンとのあいだにできた息子たちは、後にバラ戦争で異父兄のヘンリー六世を助け活躍した。キャサリンのルビーを受け継いだ長男エドモンドの息子ヘンリーは後のチューダー王朝の始祖ヘンリー七世となるのである。

＊このルビーは実は後にスピネルであることが判明した。しかし、その歴史的価値を考慮して、英国王室の中でもダイヤモンドの「コイヌール」に次ぐ大切な宝器としてエリザベス二世が議会開会式の時に使用する王冠の部分にはめ込まれている。また、星座占いでは赤いスピネルはルビーと同様にマルス（アレース）の石とされている。

第二話 ダイヤモンド物語
――中世最後の騎士の永遠の愛

序章

ダイヤモンドはその昔、男の宝石だった。その語源「アダマース」（ギリシャ語で征服されざるもの）が意味するように、この地上で最も硬く不変の輝きを放つダイヤモンドには、特に強力な太陽のパワーが宿ると信じられていた。月が女性のシンボルであるのに対し、太陽は男性の勝利と正義の象徴とされていたためである。

星占いでもダイヤモンドは獅子座の守護石。百獣の王ライオンを支配しているのは輝く太陽の神アポロンということになっている。しかし、長いあいだ、この硬い石を研磨する技術がなかったことから、中世の頃には装飾品としてより、もっぱら戦いに行く戦士の守護石として珍重されていた。

このダイヤモンドが婚約指輪として使われるようになったのは、中世最後の騎士と呼ばれたマクシミリアン大公が星占いによって選んだ婚約者のマリアに「騎士の魂」として贈ったことに始まる。

第一章　フリードリヒの憂鬱

一四七三年ウィーンの南、ノイシュタット城。神聖ローマ皇帝の住む城にしてはあまりに陰鬱で寒々しかった。そもそも、神聖ローマ皇帝とは名ばかりで、何の報酬もあるわけではない。いわば名誉職でしかないのだが、ハプスブルク家にとっては百二十年ぶりに選ばれた名誉。それだけに、当主のフリードリヒ三世は憂鬱であった。名誉を守るのも楽ではないからだ。

当時、ハプスブルク家はオーストリアの山岳地帯をわずかに所有するだけで、当主が自ら畑に出て農作業に精を出すというありさま。皇帝という名につられて嫁いできたエレオノーラ（ポルトガルの王女）も、疲れがたたって死んでしまった。その妃の遺児・マクシミリアン王子も適齢期を迎え、不安はつのる。

「せがれも十九歳。占星術によると妃を迎えよとあるが。はて？」

元来、フリードリヒは、金儲けにも名誉にも無頓着。清貧をよしとして占星術を愛する、君主としては無能に近い人間だった。

一方で、この神聖ローマ皇帝に執着する王がいた。ブルゴーニュ公国のシャルルである。その勇ましい戦闘力から「突進公」の異名をもつこの王の領土は、ヨーロッパの中でもひときわ豊かで。十六歳になる美しい一人娘のマリア公女とともに諸国の注目を集めていた。マリアはシャルルの二人目の妃との間にできた姫で三人目の妃・マルガレーテに育てられていた。優しく慈悲深いマルガレーテを実の母のように慕っていた。義母も、

「愛しいマリア姫。姫はブルゴーニュ公国の跡継ぎなのですよ。すてきな王子を迎えて幸せに暮らして欲しい。」

が口ぐせだった。

豊かな国の美しい跡取り娘が誰と結婚するかは各国の君主らの気を引くところ。だが、シャルルはこともあろうに、最も貧しい公国の無能な王フリードリヒの息子マクシミリアン一世に白羽の矢を立てたのだから人々は天地がひっくり返るほど驚いてしまった。

第二章　父の遺言

「何も驚くことはない。余が欲しいのは、神聖ローマ皇帝という名誉の王冠なのだ。フリードリヒなら、思いのままに操れる。やがて余も皇帝になれるやもしれぬ……。」

シャルルは計算高く、娘のマリアとマクシミリアンを一緒にさせて皇帝の座を得ようと企んでいた。そんなことには無頓着なフリードリヒは、単純に喜んだ。

「マックス（マクシミリアン）よ、この縁談を逃しては、二度とチャンスはないぞ！」

「父上、私はそうは思いません。ブルゴーニュほどのお方が何を企んでおられるのか気味が悪い。

それに自分の意志でこんな地方に来る姫がおられるとしたら、よほどの下心があるか、変わり者だと思いませんか？」

「違うぞ、余の占星術では最高の縁組み。ハプスブルク家の千載一遇の吉兆と出ておるのじゃ！」

普段はおとなしいフリードリヒが自信満々、興奮している。マックスはこんなに興奮している父を見たのは初めてだった。

「ともあれ、一度ブルゴーニュ殿のところ参上するのじゃ。自慢のせがれをみてもらおうぞ！」

その年の九月、父は王子を伴い古都トリアーノでシャルル大公と対面することにした。そこで、シャルル大公は、初めて見るマクシミリアンに言葉を失った。無能なフリードリヒの息子だからとたかをくくっていたが、とんでもないことだった。目の前に現れた十九歳の青年の気品と利発さ、竹を割ったような性格に、シャルルは「騎士の中の騎士」を見た気がした。

「なんと凛々しい姿よ。これぞ三国一の花婿。そなたをおいて我が娘の婿はない！」

皇帝マクシミリアン１世

デューラー画　1519年
ウィーン美術史美術館

シャルルは本気でマクシミリアンに惚れ込んでしまった。

ところが、このシャルルは、翌年一月、スイス方面に出兵したまま戦死してしまった。縁談は白紙に戻ったかにみえたが、シャルルはマリアあてに遺言を残していたのである。

「……愛娘マリアよ。そなたの婿になるのはマクシミリアン王子だ。彼こそは本物にして最後の騎士。必ず縁組みを。」

第三章 永遠の誓い

父王が死んだというだけで、周囲は手のひらを返したようにマリアを窮地に立たせていた。隣国のルイ十一世はこのときとばかり、国境近くに陣を構え、攻め入るチャンスを狙っている。家臣たちはそれぞれに、思惑を秘めて勝手に応戦し始めた。

マリアにとって、まだ見ぬマクシミリアンだけが頼りだった。彼女はウィーンに使いを出すと彼に懇願した。

「すぐに助けに来て下さい。あなたの力であなたの愛でわたくしをお救いくださいませ。」

かくて王子は未来の花嫁のために旅立つのだが、見通しは暗い。なにしろオーストリアは貧しい。姫の待つブリュッセルに到着するまでに、神聖ローマ帝国に属する都市や国をいくつも通過しなければならず、皇帝家として、それなりの威厳や形を踏んで通過しようとすると、膨大な日数とお金がかかる。父親のフリードリヒがやっとの思いで用意してくれたいくばくかのお金と兵で、マクシミリアンは旅立たねばならなかった。

旅立つ時、フリードリヒは、いつも肌身離さず大切にしていた、ディアマンテ（ダイヤモンド）という石のお守りを息子にもたせた。

「このディアマンテは騎士のお守り。必ずや加護があろう。」

いずれにしても、途中で費用は底をつくにちがいないのだ。そのとき、このお守り石の奇跡を信じるしかない……。マックスはこの石をしっかりと握りしめていた。

その時は、思ったより早くきた。ウィーンを発って数日後、はや、ケルンで財布が底をついてしまった。ブリュッセルではマリアが今か今かと待ち受けている。マクシミリアンは、細工職人を呼んで、ディアマントで指輪を作らせ、それをマリアに送り届けさせた。「この石に誓って永遠の愛で姫をお守り申す。必ずや参上いたしますゆえ、信じてお待ちいただきたく候」と。

この文で彼の窮地を察したマリアの義母マルガレーテは、多額の費用を調達し、ケルンに送った。お陰で彼は無事マリアの元に到着。その年の八月、晴れて華燭の典を挙げることができたのである。

終章 永遠の愛のシンボルとして

この二人の子孫から、やがて栄光のハプスブルク家の繁栄のもとが築かれていくことになる。その上、二人は六百数十年にもおよぶ同家の歴史のなかで、子孫のマリアテレジア夫婦と並んで最も睦まじいおしどり夫婦として、歴史に名をとどめることになるのである。

以来、太陽の宿るダイヤモンドは王の象徴となり、神聖ローマ帝国に連なる国々では指輪にダイヤモンドのソリテール（一個石）をはめ込み、結婚を約束した女性にかたい愛の証のお守りとして贈ることが流行り始めた。

やがて、その風習はヨーロッパに浸透。十七世紀の終わり頃、ブリリアント・カットの開発で、アダマースの語源どおり最高の硬さと美しさが実証されたのである。

マクシミリアンとマリー・ド・ブルゴーニュの家族

シュトリーゲル画　1515年　ウィーン美術史美術館

第三話 真珠物語
――王妃たちの運命を変えた七つの大真珠

序章

十六世紀、花の都フィレンツェ。ルネサンスの絢爛たる文化の波はフランスに移ってはいたが、今でも文化の発祥地を彷彿とさせ、月神ダイアナが舞い降りるという海岸では良質の真珠が採れ、近隣諸国の注目を集めていた。

月が支配する潮の満ち干が、人の生死や特に女性の健康を左右することから、貴婦人たちは潮の中で育つ真珠を「月の雫」と呼び、月の女神ダイアナが宿ると信じた。真珠をお守りとして持つことは、貴婦人の条件の一つでもあった。

当時、それを象徴するかのようにフィレンツェで権力をふるうメディチ家・カレッジ荘の壁にはダイアナ神が真珠を抱いた絵が、天才画家ポントルモによって描かれ話題を集めていた。

また、真珠はクィーンの波長を持つ人が手にすれば、その魔力を発揮するといわれていたが、その魔力が、このメディチ家の壁画の中に宿っていることなど、その時は、誰ひとり知るよしもなかった。

第一章　七つの大真珠

フィレンツェの大富豪・メディチ家の娘カトリーヌに、フランス王家の次男アンリ二世との縁談が持ち上がったのは、一五三三年。カトリーヌがまだ十三歳になったばかりの春であった。生まれるとすぐに両親を亡くしたカトリーヌは、メディチ家の家長で、カトリック界に君臨するローマ法王クレメンス七世の擁護のもとに厳格に育てられ、小さいころからメディチ家の姫として高い教養と誇りを身につけていた。

親代わりでもある法王クレメンスはフランスの国王家につながる縁をとても喜び、カトリーヌに七つの大真珠を贈ったのである。

「カトリーヌよ、これを持ってゆくがよい。そちの母マドレーヌの形見であるぞ。これを持っていれば月の女神の加護があろうぞ。」

「伯父上様、これはカレッジ荘の壁に描かれている七つの大真珠。するとあのダイアナ神は母上のお姿を描かれたもの？　だから真珠が母の如く我の身を守るとおっしゃるのですか？」

法皇は深く頷いて彼女の小さな額に接吻を贈るのだった。

第二章 ノストラダムスの予言

財力にものをいわせてメディチ家が用意した輿入れのための豪華船は、まばゆいばかりの財宝を満載していた。義父のフランソワ一世は大喜びでこれを迎えた。しかし、肝心のカトリーヌは、財宝ほど歓迎されず、十三歳の花嫁が目にした王宮の現実は想像とあまりにもかけ離れていた。王宮内の誰もが商人の娘とさげすみ、冷たい視線を送り、王子の妃として接してくれるものはいない。

しかし、王宮に召し抱えられている侍医のミシェル（後の予言者ノストラダムス）が思いがけないカトリーヌの未来を占うのだった。

「あなたの真珠が月の魔力を受けとめ、やがてあなたを王妃の座へと導くであろう。カトリーヌ妃よ。」

「我が輿入れまでも予言していたというミシェル殿。われはそなたを信じます。」

「ならば、決して真珠を離さぬことですぞ。決して！」

侍医ミシェルはそう繰り返した。

ノストラダムス

第三章 女たちとの戦い

カトリーヌにとって王宮とは実に奇々怪々。目の前で繰り広げられる奇妙な慣習に悩まされていた。明け方になると数人の大人たちが決まって彼女の寝室にやってきて眠っているにもかかわらず、カトリーヌの下着の裾を捲っては、入念に夕べの様子をチェックするのである。

「夕べもアンリさまはお越しにならなかったとみえる。」

「ふん、今宵も契りはなしか。」

このことは、逐一国王の愛妾として権力をふるっていたエタンプ公爵夫人に報告されていた。宮庭ではこのエタンプ夫人と夫の教育係を努めるディアンヌ・ド・ポワチエが宮廷支配に執念を燃やし、女の火花を散らしていた。このディアンヌこそは、夫を奪った宿敵なのだが、カトリーヌは気がついてはいない。いまだに寝所を共にすることのない夫をただひたすらに待つだけの毎日。正妃でありながら、夫のアンリにさえ見向きもされず、以後十年もの長きにわたって、ディアンヌのために「子どものできない女」という汚名を着せられることになるのである。

第四章 愛と憎しみの中で

カトリーヌは、知ってしまった。夫の教育係だと思っていたディアンヌは愛人だった。しかもそ

カトリーヌ・ド・メディシス

1555年頃　ピッティ宮殿美術館

アンリ2世

クロザティエ美術館

の女は、夫のアンリとは親子ほど年の差のある三十代の女ざかりで、透き通るような白い肌、まばゆいばかりの色香……。世間知らずの十三歳の少女に勝ち目があろうはずがなかった。

宮廷内で誰もがディアンヌに媚びているのをみても、夫が彼女の肉体に溺れ、いいなりになっているのがよく分かる。

カトリーヌが初めて二人の関係を知ったのは、ディアンヌに案内された彼女の館で裸のままベッドに横たわる夫を見たときだった。

ショックで呆然と立ち尽くすカトリーヌをあざ笑うかのように、夫はディアンヌに甘え、ディアンヌのなすがままにもつれあっている。獣のような光景を目のあたりにしたカトリーヌは思わず目を覆った。

第五章　ダイアナ神の奇跡

カトリーヌにとって、頼りにするクレメンス法王が亡くなり、彼女はすっかり力を落としていた。その二年後の一五三六年、フィレンツェではカトリーヌの母マドレーヌが月の女神として描かれているというカレッジ荘の壁画が消失する事件が起き、町中の話題を集めていた。同じころカトリーヌはその事件を夢でみていた。

「これぞ、神のお告げ。館の姿絵が消えたのは、私のところに来たからに違いない！」

カトリーヌは七つの真珠を肌身離さず持ち歩いた。するとそれからというもの、身辺に不思議な出来事が続きカトリーヌに幸運が巡ってきた。

義兄の皇太子が戦場で死亡し、義父フランソワ一世もこの世を去った。そのため、夫のアンリ二世が国王に即位。王の弟妃で終わるはずのカトリーヌに王妃の座が回ってきたのである。それは、すべて侍医ミシェルの予言どおりであった。

第六章　世継ぎの誕生

夫は以前にもまして堂々とディアンヌと夜を過ごすようになっていたが、ある日奇跡が起きた。カトリーヌのもとに戻ったのだ。そしてついに彼女は結婚十年目にして嫡子（フランソワ二世）を産み、それから次々に十人もの王子や王女を授かったのである。それは月の支配を受ける蟹座の子沢山を連想させた。蟹座の守護石も真珠である。

一五四七年、息子のフランソワ二世のもとにスコットランドの王女メアリー・スチュアートが五歳で輿入れしてきた。この幼い王女は育ちの良さとおおらかさで、宮廷中の人気をさらい、カトリーヌを喜ばせた。この愛くるしい王女はやがて美しく成長し、王宮は華やぎ、カトリーヌも幸福の絶頂にあった。

一五五九年、侍医のミシェルは予言詩『世紀』を発表し、名前もノストラダムスと改めて世間の評判を得ていた。が、その頃になるとカトリーヌは、ノストラダムスの忠告をすっかり忘れてしまっていた。可愛い嫁のメアリーに、「そなたにこれをしんぜよう」と、あの七つの真珠をあまりにもあっさりと手放してしまったのだ。

終章 歴史の中に漂う真珠

予言は的中した。真珠がカトリーヌの手から離れた途端に、不幸の嵐が荒れ狂いはじめ、夫のアンリ二世が在位一年で、あっけなく命を落とした。そして、次男のシャルル九世が即位したが、この王とともに歴史はあのサン・バルテルミの大虐殺へと突き進んでいくのだった。

その後、メアリーの七つの大真珠は、イギリスのエリザベス一世のものとなった。エリザベス一世は真珠の「処女のシンボル」そのままに、処女王として偉大な大英帝国を築いていった。

第四話　エメラルド物語

――緑石の魔力に操られたネロ皇帝とその妻

序章

エメラルドは紀元前まではエジプトでしか発掘されておらず、ホルス神をはじめとするエジプトの神々に捧げられていた。やがて、この地でファラオ（生きている神）となったアレキサンダー大王によって、ギリシャやマケドニアにもたらされることになる。同時にバビロニア人の占星術とギリシャ神話が一体となりエメラルドには命を蘇らせる金星の女神が宿るとされ、「ヴィーナスに捧げる石」と呼ばれた。その頃はお守りとしての意味合いが強く、目の病気や、命の蘇り、美と芸術の秘薬として珍重されていた。しかし、その美しい緑の輝きはときとして、人の目を狂わせ、多くの伝説や物語りを生んでいった。

第一章 ネロのあこがれ

エジプトの鉱山はローマのものとなり、その多くはローマの神殿に収められた。エメラルドが目を癒すことから、当然、神々の像の目に嵌められたのである。

そして、このエメラルド鉱山に生涯を通じて執着する男が現れた。後のローマ皇帝ネロである。

ネロは二歳で父を失い、母のアグリッピナがクラウディウス皇帝と再婚したため、王の養子になっていた。

「息子よ、お前はやがて、皇帝となろう。皇帝にふさわしい知識と判断を身につけるように、そなたにこれを授けよう。」

「母上これは、ナイルの緑石！」

「そう、真実の目を開かせ、お前の詩も芸術も見守ってくれるでしょう。」

この時、ネロは初めてエメラルドの輝きを手にしたのであった。母のアグリッビナは、ネロを皇帝にするために当代一の哲学者セネカを家庭教師として迎えた。

ネロはセネカのいうことを良く守り、まるでヴィーナスに見守られるかのように芸術を愛した。

第二章 兄妹結婚

しかし、このエメラルドには、持ち主は最初に触った異性と夫婦になるというジンクスのあることをネロは知らなかった。

そして、すべての不幸はここから始まったのである。

それは、義妹（王と先妃との間に生まれた）のオクタヴィアが目を真っ赤にして泣きはらしていたときのこと。

「妹よ、何を泣く？　お前をそんなに泣かせているのは誰なのだ。」

「兄上、許嫁のシラヌスさまが自殺をされたのです。わたくしという婚約者がありながら、妹のカルヴィナとの関係（近親相姦）が露見して……。」

「あわれな妹よ。このナイルの緑石に手を当てるがいい。心をやわらげて真実に目を輝かせてくれよう。」

ネロはエメラルドを取り出して、妹の指に触れさせた。

「おお、そうだ。今度お前が誰かに嫁ぐ日がきたら、そのエメラルドをさずけよう。」

「お兄さま、本当よ！　お約束。」

まだ十一歳の妹には、結婚の意味もよくわかってない。兄の言葉に涙を拭った。

その夜、この可愛いオクタヴィアは眠れなかった。不思議なことに、自殺したシラヌスの声が妄想となって、彼女の脳裏をよぎるからだ。

「オクタヴィア、私は潔白だ。私は妹などと関係なんかない。すべては君を私から離して、ネロと結婚させようとするアグリッピナ皇后の陰謀なのだ。」

――お母さまが？　ネロお兄さまと私を夫婦にさせようと？　まさか……。

しかし、それは妄想ではなかった。二人の知らないところで、話は進められていたのだ。

そして、二年後、ネロとオクタビアは結婚した。ネロ十五歳、オクタヴィア十三歳の幼い夫婦の誕生である。婚儀の日、「兄上、お約束した、あの美しい石をくださるんでしょ？」

オクタヴィアの言葉にネロは慌てた。まさか、彼女がエメラルドのことを覚えていたとは……。

「あ、あの石は、君の幸せを祈ってジュピター神殿に奉納したんだ。」

と、とっさの嘘で切り抜けるしかない。母のアグリッピナが知ったら、ただではすまないからだ。

第三章　皇帝暗殺

そのアグリッピナは二人の結婚が思い通りに進んで大満足だった。彼女は息子を皇帝にするために、次なる計画の実行を急がねばならなかった。それは皇帝暗殺である。そして紀元五三年十二月、それは用意周到に実行に移され、毒殺は成功した。

「ネロ、これで、やっとそなたは皇帝。夫を殺してまでもお前を皇帝にしたこの母の恩を忘れるでないぞ。」

少年時代のネロの肖像

50年頃
ルーヴル美術館

アグリッピナの肖像

ローマ帝政時代　カピトリーノ美術館

「殺した？　皇帝は病死ではないのですか？」

「そなたのために殺したのです。最後にもうひとり殺さねばなりません。これは、そなた自身の手で。」

「もうひとり？　私が？」

王は病死ということで、上手くケリがついたかに見えたが、義兄（王の実の息子、オクタヴィアの兄）のブリタンニクスが死因に疑問を抱き、ネロを仇と狙っているという。理由はどうであれ、殺られる前に殺るというのが支配者の鉄則である。

ネロは母に言われるまま、ブリタンニクスを食事に誘い毒殺におよんだ。

第四章 オクタヴィアの陰謀

自分の父や兄が、ネロ親子に殺されたことも知らないオクタヴィアは呑気なものだった。まだあのエメラルドが諦めきれず、頭のなかは緑色の輝きのことで一杯だった。鉱山からどんなに新しく採掘されても、あれほどの見事な美しいエメラルドは手に入れることはできなかったからである。そして、オクタヴィアを駆り立てる、もうひとつの訳があった。

それは、姑アグリッピナのネロへの溺愛ぶりに対する嫉妬である。というのも、彼女は侍女たちから、アグリッピナのネロへの愛情は、単に母親の溺愛だけでなく女が男を見る異常な目だと、耳打ちされていたからである。

「皇帝は私の幸せを祈って神殿に献上したと言っているけど、嘘かもしれない。私に譲ることを、義母にとめられているのかも……。」

後は確かめるしかない。彼女は武官を呼んで、命令した。

「ジュピター神殿に行ってエメラルドを見つけてくるのです。ただし、だれにも内緒ですよ。」

もともと、神殿にあのエメラルドがあるわけがなかったが、なんと、武官たちは持ち帰ったのである。実はこのエメラルドは前帝、つまりオクタヴィアの父・クラディウスが、ジュピターの石像の眼球に嵌め込むときに献上したものであった。

こともあろうに、武官たちは、この石像からエメラルドをくり抜くために、見張りの番の巫女を切りすてて殺し、手に入れたのである。何も知らないオクタヴィアはエメラルドを手にして狂気するばかりだった。

彼女は、その巨石は新しく採掘したものだと嘘を言って、ネロのために眼鏡を作り、その残りをさらに九つにカットして自分のものにした。

ネロは単純に喜び、その鏡で剣士の決闘を判断したり、じっと眺めて、目を休めたりしていた。

しかし、時が経てば経つほど、その緑光はネロに安らぎを与えてはくれなくなった。というのもエメラルドを手にしてからのオクタヴィアは昔の婚約者・シラヌスのこと、父や兄のことを妙に気に

し始めたからである。ネロはネロで、

「妻はいつ余に復讐の刃を向けるやも知れぬぞ……。」

と、家臣に洩らすほど疑心暗鬼になっていた。おまけに、ますます自分にぴったりの母親。ネロはうんざりだった。やがて、ネロの繊細な神経は限界に達し、気がつくと母もそして妻も殺害するよう武官に命じていた。

終章 汚名

以来、親殺しという最大の悪行を犯したネロを、人々は「暴君」と呼んでおびえた。そしてネロが旅に出ている間にローマが炎上したときでさえ、「暴君」が詩を書くために街を焼き払ったと噂した。

芸術を愛し、真実を追い求めた気の弱いネロであったが、その真意は誰にも伝わらないまま、ローマ炎上後の六八年三十一歳の命を絶った。反乱軍のために自殺に追い込まれたわけだが、人々は妻がジュピターの神殿から盗んだエメラルドの呪いだと噂した。

安らぎと幸福を願い、エメラルドにこだわったネロが、そのエメラルドのために不幸な最期をとげることになろうとは……。

エメラルドの宝石言葉は皮肉にも「夫婦愛・幸福・清廉」なのである。

第五話 サファイア物語

——ナポレオンの運命を操った青い石の魔力

序章

古代インドのヒンドゥー教では七月をサファイアの月と決め、サファイアは土星の支配を受けるので、サファイアの持ち主はシャニ（土星）の恩恵を受けると信じられていた。土星は冥界の支配者であることから、運命を左右するとして、ヒンドゥー教にも浸透。また占星術と宝石の関係を考え出した古代カルデア人もサファイアは特に土星に関係がある石とした（ただし古代のサファイアは青い石の総称だった）。占星術はカルデア人からギリシャ、ローマに渡り、それぞれの神話と結び付いた。土星はギリシャではハデス、ローマではプルトーと、いずれも冥界を象徴し精神世界にも結び付き広がった。法皇や、皇帝が好んで王冠などに嵌めたことから神聖視され、「皇帝の石」、「法皇の石」と呼ばれた。この運命を操るといわれたサファイアを愛した女性では、ナポレオン皇帝の皇后ジョゼフィーヌが有名だ。ジョゼフィーヌの数奇な運命こそ、サファイアの魔力を紐解く鍵でもある。

第一章 偉大なヨーロッパの父

八世紀の中頃、フランク王国のカール大帝はローマ法皇と手を結びながら、目覚ましい勢いで勢力をのばしていた。

そもそもローマ法皇との結び付きは、カール大帝の父・ピピンがイタリア半島をローマ教皇領として法王に献上したことに始まる。カール大帝はアーヘン（現在のドイツ）に宮廷を置き、西ローマ帝国を再建。ギリシャ、ローマ文化、キリスト教文化、ゲルマン文化を一つにして、現在のヨーロッパのもととなる大帝国を形成した。その彼が守護石にしていたのは、青いサファイアだ。それは亡き父ピピンが法王から貰ったもので、「これを手にした者は世界を制覇する」と父が言い遺していたものである。

それから約千年後、奇しくも同じようにヨーロッパ制覇を旗印にする男がこのアーヘンを訪れて、青い透き通る宝石を手にしていた。無敗の英雄ナポレオン・ボナパルトである。

第二章 色欲を消す石

その宝石はまばゆいばかりに輝き、ナポレオンを魅了していた。彼はこの石をドイツ占領の記念として、ここアーヘンの大聖堂で手に入れたのであった。大聖堂の司教によると、この石は、カール大帝の亡骸を覆った外套の留め金の一部に使用されていたもの、とのことであった。この石こそがカール大帝の守護石「世界を制覇する石」だった。そんなこととは知らないナポレオンだったが、その後、確実にヨーロッパ制覇に近づいて行っていた。が、

「そうだ、この石をジョゼフィーヌにつかわそう。古来、サファイアは色欲を封じると聞く。彼女の浮気がおさまれば、余はどんなに気が楽になるか……。」

サファイアが皇帝や聖職者の石といわれた所以は、この石が色欲を消すので、高貴な人間にふさわしいとされたのだといわれている。そのとき、皇帝という肩書きを除けばナポレオンも妻の浮気に悩む普通の愛すべき夫であった。

第三章　サファイアの魔力

「ジョゼフィーヌよ、余がそちのために神から授かった石じゃ。余の愛の証。決して手放すでないぞ。」

熱い抱擁とともに夫が皇帝になって初めてくれた石であった。何も知らないジョゼフィーヌが喜んだのはいうまでもない。しかし、ジョゼフィーヌの人生はそのときから、この青い石に吸い込ま

れるように大きくうねりはじめていた。

ジョゼフィーヌが、コルシカ生まれの小男ナポレオンと結婚に踏み切ったとき、彼はまだ軍人だった。当時ジョゼフィーヌは結婚していたが、フランス貴族の夫がフランス革命で捕らえられ、断頭台におくられたため、二人の子どもを抱え生活に苦しんでいた。そんな彼女がナポレオンの求婚に応じたのも生活のためである。

妻になった彼女は六歳下のナポレオンを見下し、浮気を重ねては、夫をイライラさせる不品行な女だった。それでも夫は本気でこの女に惚れ込み、自分の方を向かせようと、ついにフランス皇帝にまで登りつめた。

ナポレオンとジョゼフィーヌの戴冠式

ダヴィッド画　1806-7年　ルーヴル美術館

一八〇四年、彼はローマ教皇を招いて皇帝の戴冠式を挙げたが、この時もカール大帝の故事にならってノートルダム寺院で挙行し、ジョゼフィーヌにも皇后として自らの手で王冠をかぶせたほどである。

そんなジョゼフィーヌがあのサファイアを手にしてからというもの、人が変わったように夫に尽くすようになった。洗練された社交術は夫のブレーンを増やし、「ジョゼフィーヌは皇帝の守護天使だ」と噂になるほどであった。

しかし、ナポレオンはそんな彼女とひきかえに「世界を制覇する」自分の夢を手放したことにまだ、気がついていない。

そして、外見的には、いつしか立場が逆転。最近、派手に浮気に明け暮れるのは、ナポレオンのほうだった。その結果、皮肉にも愛人に子供ができると、彼との間に子供のできなかったジョゼフィーヌは次第に身の置き場をなくして精神的に追いつめられるのだった。

そして、サファイアを手にして六年後の一八一〇年、二人の離婚話は正式に進められていった。

第四章 別れを告げる皇后

宮廷では彼女の離婚話と同時に新しいお妃探しが始まっていた。やがてナポレオンが二十二歳も年下のハプスブルク家のマリー・ルイーズを后にすることが決まると、ジョゼフィーヌは皇后を放

若き日のナポレオン

グロ画
ヴェルサイユ宮殿美術館

皇妃ジョゼフィーヌ

ジェラール画
1803年頃
ヴェルサイユ宮殿美術館

棄する宣言を皇族や重臣の前で自分でおこなうことにした。

「皇帝殿下の御前にお許しを賜り申しあげます。私には殿下にもフランスにも利益をもたらす子供を産む望みが有りません。そこで私がこの世でできる最大の愛と献身の証を殿下にお示しすることを喜びとするものです。」

悲しいはずの離婚を申し出ることが、一番の愛の証と、心に言い聞かせながら宣言文を読み上げた。

ナポレオンはこの健気な年上の女に対してパリのエルゼ宮と避暑のためのマルメゾン、それに年金と数十人の侍従をつけて送り出した。

「所詮、女は借り腹」といっていたナポレオンだが、いざ若い皇后を迎えるとその魅力に夢中になった。

年上のジョゼフィーヌとは違う初々しい十八歳の新鮮さや、大公女という名家の育ち、うぶな性格が四十四歳の男を喜ばせた。

翌年には待望の皇太子が誕生すると、ナポレオンはただちにローマ王に任命させた。それも、あのカール大帝と同じだ。彼はこの上なく満足していた。しかし、この幸せは長くは続かなかった。なぜなら、この幸せを頂点にして、それからのナポレオンはロシア侵攻という破壊への道をたどるのである。

人々はナポレオンが不幸になったのは、あの皇帝の石を手放したからだとうわさした。妻のマリー・ルイーズは彼がエルバ島に流された時点で、さっさとオーストリアに帰ってしまい、結局、ナポレオンが一八二一年に五十二歳の生涯をセント・ヘレナ島で閉じるまで、ついに一度も会いに行くことはなかったという。

終章 信仰と愛に包まれて

ナポレオンの没落に伴い、ジョゼフィーヌの安否が気遣われていたが、サファイアが幸運をもたらしていた。ナポレオンに棄てられた女というイメージは、反逆者ナポレオンを憎む人たちの同情を集めていた。そして何不自由なく五十一歳で静かに息をひきとったという。

それにしても、もし、あのサファイアがカール大帝の「世界を制覇する石」、「運命にかかわる石」だとナポレオンに知らせる者がいたら、「余の辞書に不可能はない」と豪語した彼の人生も変わっていたかもしれない。

……そのサファイアは、現在フランス西北部・ランスの大聖堂に納められている。

第六話 オパール物語

――ヴィクトリア女王に愛と王位を運んだ希望の輝き

序章

オパールの変幻自在な輝きは、移り変わる秋空にぴったりで十月の誕生石に選ばれている。星座石としては、ホワイト・オパールは蟹座、ファイア・オパールは蠍座、ブラック・オパールは山羊座の守護石となっている。宝石言葉は「希望」。古代のローマ人たちが、キューピット・ビデロスと呼び、美の象徴として讃えたオパールは、当時ダイヤモンド以上に珍重されていた。宝石言葉の「希望」は、独特な遊色効果による虹のイメージからで、幸せを招く神の石と考えられていた。

オパールの語源はサンスクリット語のウパーラ（宝の石）という説と、ことのほかこの石を愛したドイツ人が、他に類のない石の美しさを、まるで宝石の孤児《オルパヌス》と呼んだからという説がある。実はこのドイツ人のオパール好きが、今からお話する主人公・イギリスのヴィクトリア女王の運命を大きく変えたといわれている。ヴィクトリア女王の母はドイツ人だったし、最愛の夫も母方はドイツの王族である。当時、ドイツの王族や貴族はオパールを愛し、ドイツを象徴する王冠にはオパールが飾られていた。

第一章 希望

一八一九年、ケンジントン宮殿で美しい姫が誕生した。姫の名前はヴィクトリア。父は時の王（ジョージ三世）の四男ケント公エドワードで、母はドイツ王家の出身メアリー・ルイーザーである。

「神のお告げどおりに姫の誕生よ。希望が誕生したのよ。あなた。」

「メアリーは、夫に向かってささやいた。メアリーは姫が誕生する数カ月前から、不思議な夢を見ていたという。夢の中で美しいオパールが輝き、決まって神の声が聞こえた。

「姫が誕生し、やがて偉大な女王となり、すべての人の希望として輝くであろう。」

しかし、ケント公にはそんな妻の夢など信じられるわけがなかった。ケント公は四男である。つまり、上には皇帝候補の兄が三人も控えている。おまけに誕生したのは姫なのだ。それでも、ドイツ出身のメアリーはドイツに古くから伝わるオパールの不思議なパワーを聞いて育ったためか、夢は神の予言だと堅く信じるのであった。

「オパールは国王の名誉を守護する石、その石が夢に現れたのです。神の予言に決まっていますわ！」

ヴィクトリアが八カ月にも満たない年末の寒い日、ケント公は風をこじらせ病の床に着いた。そして翌月の一月にはあっけなくこの世を去ってしまった。それは、ケント公の父・ジョージ三世から長男のジョージ四世に王位が移る六日前のことであった。

そして、時は移り、やがて美しく利発に成長したヴィクトリアが初めて恋に胸をときめかせる時が来た。十七歳の春。相手は母方のいとこにあたるドイツ人のアルバート王子である。アルバートは夏休みを過ごすためイギリスにやって来た。その折、希望の石・オパールをヴィクトリアにおみやげとして持参したことが、ヴィクトリアの母を感動させた。彼女にとっても甥にあたるアルバートこそが娘の婿だ！、とひらめいた。

「彼こそ希望の輝きよ。ヴィクトリア、この愛を紡ぐのよ！」

母の脳裏には、予言が確実に現実に近づいているのがわかる。

当時、国王ジョージ四世は亡くなり、次男のヨーク公も死亡。三男ウィリアム四世の時世になっていた。

第二章　ヴィクトリア時代の夜明け

母の予感は現実となった。一八三七年、アルバートから希望の石・オパールを貰った翌年、十八歳のヴィクトリアに、その希望石が燦然と輝いたのだ。

プリンス・アルバート
英国王室コレクション

戴冠式のローブを着けた
19歳のヴィクトリア女王
ヘイター画　1838年
ロンドン・ナショナル・
ポートレートギャラリー

跡継ぎのない伯父のウィリアム四世が亡くなり、王位がヴィクトリアに転げ込んできたのである。華麗な戴冠式。来賓の中には凛々しいアルバートの自分を見つめる熱い視線。王冠を頭上に戴くと、彼女は心の中で叫んでいた。

「アルバートさま、この王冠もあなたの助けがないと、わたくしには輝かすことができない。アルバートさま、わたくしに愛を！」

そして三年後、ヴィクトリアは晴れてアルバートと結婚。新生活のスタートをきった。が、女王の婿としてイギリス王宮に入ったアルバートの置かれた立場は決して居心地のいいものではなかった。というのも、ちょうどその頃イギリスには世紀末ムードが漂い、性の乱れが上流社会を蝕んでいた。愛妾や愛人が入り乱れて、いわゆる「淫らな時代」の前兆期であった。

そんな時代だけに、二人の愛はまばゆいほど純粋であったが、イギリス政界では、ドイツに対する警戒心や敵対意識が根強く、アルバートにとっては針のむしろにいるような状況であった。

しかし、アルバートは、ヴィクトリアとの約束を生涯守ろうと努めた。

「私の生涯を愛する君に捧げよう。オパールに誓って、必ず――。」

女王の秘書兼教育係に徹し、彼女が君主としてどうしたら良いかをアドバイス。理想的な「立憲君主」としての手助けをしたのである。ヴィクトリアは国民に家庭の大切さを説いた。宗教と道徳を基礎にした信念は模範的な王室と仰がれ、敬愛の的になった。が、しかし、ヴィクトリアをそこまで教育したアルバートに正式に女王の夫としての称号が与えられたのは、結婚して十七年もたってからのことである。二人は四男五女の子宝に恵まれ、そのいずれもが、ヨーロッパ各国と縁組みすることになるのだが、ヴィクトリアは嫁ぐ王女たちには、必ず希望の石オパールを持たせようと決めていた。それが夫への感謝と愛の何よりの証であると——。

第三章 突然の悲劇

一八六一年、ヴィクトリアにとって、一番恐ろしい事が起きた！

最愛の夫の死——それは自分が死ぬことより辛い。彼女は長男の皇太子（後のエドワード七世）を憎んだ。それというのも彼

ヴィクトリア女王とロイヤルファミリー

1846年　ロンドン・ナショナル・ポートレートギャラリー

が女性との恋愛沙汰を起こしてしまったためである。それを心配したアルバートが体調を壊していたにもかかわらず、無理をして、彼のいるケンブリッジに向かい、その途中で死んだからだ。

「親不幸な息子よ。私の夫を返して！」

気も狂わんばかりに泣き叫ぶヴィクトリアであったが、葬儀の後、誰とも口をきこうともせず、ただ一人喪に服して以後十年もの長きにわたり人前に出ることはなかった。

「わたくしの希望は消え失せた。」

と、オパールをジェット（黒玉）に変えて喪服を着用するのだったが皮肉にも人々はジェットを女王の貞操の石として流行らせてしまうのだった。挙げ句の果てに乳白色のオパールを黒く染めた石が「愛と貞操の幸福石」としてヨーロッパ中に広がっていった。最愛の夫が亡くなって十年が過ぎようとしていた。娘たちは婚期を迎えている。

「そうだ、娘たちにオパールを持たさねば。そして、夫のために私のできることをしなければならない……。」

そう思うことで、ヴィクトリアは少しずつ生気を取り戻していた。そして、彼女は夫のために全国に夫の彫像を建立することを思い立った。中でも、自分が生まれたケンジントン宮殿の一角には、ひときわ威厳をほこるアルバート公をロンドン市当局に依頼して建立させた（現在ケンジントン・ガーデンにそびえる「アルバート記念像」がそれである）。

終章 ブラック・オパールの発見

一八九七年即位六十周年記念式典がおこなわれ、世界中にある大英帝国の全植民地からの代表が列席。ヴィクトリア女王は英国の象徴として神々しいまでに威風を放っていた。ヨーロッパ皇室に嫁いだ娘たちの母として、まさに王室の女ドンとなったのである。

しかし、一九〇〇年の夏頃から、記憶力が低下。体調も思わしくなかったが、彼女はよく独りごとを言うようになっていた。

「わたくしは黒いオパールになるのよ。そして二度とアルバートと離れないわ。」

周囲のすべての人たちは世間で流行しているオパールを黒く染めた石のことを言っているに違いないと聞き流していた。そして翌一九〇一年、ヴィクトリアはその愛に満ちた生涯を、孫のドイツ皇帝ヴィルヘルム二世に看取られてこの世を去った。

大切にしていた夫の形見のオパールは亡骸とともに葬られたが、その直後の一九〇二年、まるで彼女の生まれ変わりのように、当時イギリス領のライトニング・リッジ（オーストラリア）から黒いオパールが発見された。まさに貞操と希望が一体となった美しい輝き。その数年後には世界中から脚光を浴びることになるブラック・オパール。だがその時、ヴィクトリアの独りごとを思い出す者は誰一人としていなかった。

第七話　トルコ石物語

——苦難の航海を支えたコロンブスの石

序章

碧いその石は、その昔シナイ半島（今のエジプト）から産出されたものがトルコを経由してヨーロッパにもたらされたことから、トルコ石と呼ばれた。

金星の宿るとされるこの石は、性的情感を高める石といわれ、星座では天秤座の守護石でもある。天秤座がバランスや、集中力を意味するように、宝石ことばは「命中」、「成功」。昔、アラブの高原に住む部族や、アメリカ先住民たちは、鉄砲にトルコ石を嵌めて、「命中」の縁起担ぎをしたほど。しかし、なんといってもこの石は男女の性の情熱を高めることと、旅のお守りとして知られる。そのわけは、西洋のルネサンスと大航海時代にこの石が大きく関わっていたことから話さねばならない。

第一章　ジパングへの憧れ

一四九二年、熱心なキリスト教徒だったスペインのイサベル女王はグラナダのアルハンブラ宮殿（イベリア半島にあるイスラム教徒最後の城）を陥落させるとホッと胸をなでおろした。ムハンマド十一世を追い出した宮殿から出てきた沢山のトルコ石を握りしめながら、こうつぶやた。

「これで、やっと、イベリア半島を統一できるんだわ！」

そのころ、同じように、グラナダ陥落を心から喜ぶもう一人の男がいた。女王と同じ歳の船乗り、クリストファー・コロンブスである。

「やったぞ！　これで、黄金の国ジパング（日本）に行ける！」

イサベル女王が、イベリア半島を統一した暁には、コロンブスのジパング行きを応援しようと約束してくれていたからである。

「コロンブスよ、長い間待たせた。さあ、これをつかわす。出発するがよかろう。」

「女王さま、これは羅針盤！　それに嵌め込まれているのは、マルコ・ポーロがペルシャから持ち帰って流行らせたという、トルコ石ではございませぬか？」

「そうです。そなたの憧れ、マルコ・ポーロにあやかって、出航のお祝いです。旅の無事を祈っています。」

そのころ西欧諸国はルネサンスに沸き返り、中でも羅針盤は当時を代表する発明の一つとして注目を集めていた。また空のかけらを思わせるトルコ石も、貴族の間で大流行。装飾品だけでなく、美術品にも使われていた。この石は中近東では特に珍重され、旅の安全を守る石として旅人には無くてはならないものだった。

面白いことに、この石は人に貰ったときだけ幸運をもたらし、目的を達成できるという言い伝えがあった。

そんなことから、イサベルはトルコ石を羅針盤に嵌め込んでコロンブスに贈ったのである。が、実は与える者と与えられる者との間に（男女である場合）、性的な情熱を高めるという効能があることをイサベルは知らなかった。そのために、トルコ石の羅針盤を手にしたコロンブスは日ごとに高まるイサベル女王への思慕を胸に秘めて、サンタマリア号に乗り込まねばならなかった。

第二章 熱愛

「女王さま……、このコロンブス、必ずや黄金を持ち帰ります。あなたさまのお喜びになられるお顔を見るためなら、この命など、どうなっても……。」

羅針盤に向かって、夜毎の船上でつぶやくコロンブス。そして、イサベルもまた王宮の空に向かい、

「ああ、コロンブス、そなたを思うこの胸の高鳴りはなぜ？」切ないため息の毎日。イサベルには、夫フェルナンド王との間に一男四女があったが、彼女は特に三女のファナ姫を愛していた。しかし、敏感なファナ姫は、母のコロンブスへの道ならぬ思慕に傷つき、苦しんでいた。イサベルもまた、ファナ姫に気づかれたことを知り、自分から遠ざけるために、まだ十六歳のファナをハプスブルク家のフィリップ・ブルゴーニュ公に嫁がせるのである。イサベルはファナ姫の輿入れのために、ありったけのトルコ石を嵌め込んだ宝石箱を贈った。「母上は、このファナになにもかも黙って、この箱に閉じ込めておけと仰せなのですね。」

第三章　結ばれぬままに

それから以後、イサベルは、ことさらコロンブスに平然と接し、誰の目にも疑われないように気を配った。秘めた愛は、押さえれば押さえるほど、熱い炎を心に燃やすのだが、お互いに苦しい思いをしながらも、終生愛を打ち明けることなく、プラトニックな愛を貫いたのである。それもまた、この時代の一つの愛し方ではあった……。

コロンブスは羅針盤に見守られながら、新大陸（アメリカ）を発見したが、最後までその地をインドだと信じていたことに悲劇があったといわれる。この間、四回の航海を繰り返し、原住民の布教活動にも打ち込んだが、それはあたかも畏れ多くも女王を愛したことを神に詫びるかのようであ

クリストファー・
コロンブス

リドルフォ・
ギルランダイオ画

ファナを囲むイサベラ
女王とフェルナンド王

コンデ美術館

った。一五〇四年、最愛のイサベル女王が五十三歳の生涯を閉じると、

「私はいつも女王と航海をしていたのだ。女王がみまかれた以上、私の旅もこれで終わりだ……。」

彼は、イサベルの死とともに、二度と航海に出ることはなかった。そして二年後、女王の後を追うように、恵まれないまま人生の旅に終止符を打った。

第四章 ファナ姫の悲劇

確かにトルコ石の羅針盤は旅の安全を守って、コロンブスに新大陸を発見させてくれた。しかし、そのときトルコ石は「命中」と「成功」という意味もあることにイサベルは気がつけばよかった。なぜなら、新大陸の発見は、黄金に命中していたのだ。しかし、黄金はジバングにあると思い込むあまり、ジバングを発見できなかったコロンブスの旅は失敗だったと、誰もが決めつけていた。

特にフェルナンド王は、部下の報告を見て、手助けしたことを後悔していた。

ところで、あのハプスブルク家に嫁いだファナ姫は異国で母の秘密に苦しみながら、ついに、ノイローゼになっていた。それと、実家のスペインを継承する兄や姉がすべて次々と病死したこともショックで、

「神のたたりだわ。母上とコロンブスのせいよ。」

あらぬことを、口にするファナ。そんな彼女に追い打ちをかけるように夫フィリップの急死。つい

に手のつけられないほど錯乱したファナは、父のフェルナンドによってトルデシーリャス城に幽閉されてしまった。

第五章　エルドラドへの道

一五一六年、フェルナンドの死でファナの息子カルロス一世がスペインを継承。三年後には神聖ローマ（今のドイツ）皇帝カール五世となり、ハプスブルク家の当主となる。カールは母の大切なトルコ石の箱が妙に気になってしかたなかった。あるとき、彼がその箱を開けると、まるで母の秘密が飛び出すかのように、祖母イサベルのコロンブスへの愛が、時を経て孫のカールに囁く……。

「あの新大陸に行くのです。彼はスペイン

夫の棺と共に放浪する狂王女ファナ

オルティス画　1878年　プラド美術館

に栄光をもたらしたのです。」

カールはコルテスに新大陸の視察を命じた。あのコロンブスの羅針盤は今はコルテス将軍の手にあった。コルテスはついにあの新大陸にエルドラド（黄金郷）を発見した。そこは高原を中心に栄えた、まばゆいばかりの黄金国「アスティカ王国」であった。

不思議なことに、この王国では、トルコ石を神の石と読んで、金以上に大切にしていた。だから、コルテスに征服されたときに、トルコ石を隠して、すべての金を差し出したのである。

終章 スペインの栄光

もし、アスティカ人が和解のためにトルコ石を差し出していたら、この国の歴史は変わっていたのかもしれない。金を差し出したばかりに、全滅させられてしまったのである。こうして莫大な金を有する新大陸の統治は「太陽の没せぬ国」スペインが受け持つことになる。

一方、ハプスブルク家には、この二代後に、神聖ローマ皇帝になるルドルフ二世がいた。彼は、お抱えの医師アルセルムス・デ・プートにトルコ石の神秘な話をした。デ・プートはそれを自分の体験談として世間に広めた。やがて、トルコ石と旅の伝説は、一躍世間の知るところとなったのである。

あとがきにかえて

かれこれ十年以上も前になります。当時としては日本で初めてだったと思いますが、宝石に寄添う「ことば」にこだわって、『宝石ことば』を上梓させていただきました。西洋・古代の鉱物に関する文献が世界でも数少ない上に、日本語で読めるものにいたってはほとんどないという状況のなかで、鉱物にゆかりの深い、サンスクリット語、ヘブライ語、古代ギリシャ・ラテン語、アラビア語で書かれた書物の翻訳を、語学の研究グループの方々から提供していただき、宝石のもつ「ことば」の意味の大きさに衝撃を覚えたことを記憶しています。と同時に、どの書物にも共通して、古代・中世の鉱物に冠せられた「ことば」には占星術の影響が大きいことを感じておりました。折があれば占星術の延長線上にある「星座石」、つまり星と鉱物との関係を紐解いてみたいと思っていましたところ、この度、そのチャンスをいただき、念願が叶いました。そして、書き進めていくに従って、星座石はパワーストーンのルーツであったことを改めて思い知らされたのでした。

本書をまとめるにあたり、宝飾業界はもとより、占星術、色彩学、服飾文化を研究されている専門家の方々、そしてジャパン ジュエリー ビジネス スクールの畠健一校長には、大阪よりご上京の度に沢山のお話とアドバイスをいただきましたこと、改めてお礼申し上げます。

それから宝石の呼称についてひとこと。多くのカラーがある石に関しては、本来、無色のダイヤモンドはホワイト・ダイヤモンド、青色のサファイアはブルー・サファイアのように呼称すべきところですが、今回は煩雑さを避けて、色のイメージが一般に定着しているものに限りただ単にダイヤモンド、サファイアなどと省略して記させていただきました。なお、曜日石、十二星座石の選定に関しましては、資料そのものが時代によっても国によっても異なり、加えて近年多くの新しい宝石が発見されたこともあって困難を極めましたが、なかにはわたくし自身の見解によるものもあることをお断わりしておきたいと思います。

最後に「星座石」の企画をプレゼントして下さいました八坂立人社長と、今回も編集を担当して下さった三宅郁子さんに感謝いたします。いつもながら、三宅さんの編集への情熱には頭が下がります。本当にありがとうございました。

二〇〇七年十一月

山中茉莉

[カラー写真提供者・所蔵先一覧]

ジャパン ジュエリー ビジネス スクール　p. ii 上：ルビー，p. iii 上：エメラルド，p. v 下：様々な色合いのパール，p. vi 上：ダイヤモンド，p. x 上：スギライト，p. xii 上：サファイア

Musée du Louvre/R.M.N.　p. vi 下右
Musée du Palais du Tau, Rheims　p. xii 下左
Musée Gustave Moreau/R.M.N.　p. xv
Musées royaux des Beaux-Arts de Belgique　p. xvi 下
National Museum of Natural History, Smithonian Institution　p. viii 下の左下，p. ix 上：ファイア・オパール，下の左上，p. x 下の右2点，p. xi 下の右下，p. xii 下の右上
Palazzo Farnese, Caprarola　星図：p. iv, x, xi, xii
Palazzo Pontificio, Vaticano　星図：p. ii, iii, v, vi, vii, viii, ix, xiii
Thüringer Universitäts-und Landers-bibliothek, Jena　p. xvi 上
Tower of London/HMSO　p. ii 下左
Victoria & Albert Museum　p. ii 下右，p. iii 下左，p. iv 下2点，p. v 下の左上と下，p. vi 下左，p. vii 下の左と右上2点，p. viii 下右，p. ix 下の右と左下，p. xi 下の右上と左，p. xii 下の右下，p. xiii 下2点

著者紹介

山中茉莉（やまなか まり）

女性向けフリーペーパー数紙の編集長を経て、現在、作詞家及び宝石文化研究家として執筆・講演活動を続けるほか、宝石歳時記と詩のサロンを定期的に開催。ジャパン ジュエリー ビジネス スクール特別講師ほか、大学・専門学校の講師（文化論・マスコミ論）を務める。日本ペンクラブ、日本文芸家協会、日本音楽著作権協会ほか会員。

著書：『宝石ことば』『淡水真珠』（共に八坂書房）
　　『宝石』（日本法令）
　　『The フリーペーパー』『新・生活情報紙：
　　フリーペーパーのすべて』（共に電通）
など多数。

星座石 守護石――パワーストーンの起源

2007年 11月30日　初版第1刷発行

著　者　山　中　茉　莉
発行者　八　坂　立　人
印刷・製本　（株）シ　ナ　ノ

発行所　（株）八坂書房
〒101-0064 東京都千代田区猿楽町1-4-11
TEL.03-3293-7975 FAX.03-3293-7977
http://www.yasakashobo.co.jp

ISBN 978-4-89694-902-5

◆関連書籍のご案内

誕生石のメッセージ—
宝石ことば
山中茉莉著

古代からの神話・伝説をもとに生まれたもうひとつの宝石文化史ともいえる「宝石ことば」。世界の誕生石に秘められた「宝石ことば」のルーツを探り、それにまつわる様々な物語を紹介する。

四六判　一九〇〇円

淡水真珠
山中茉莉著

自然が生みだす個性豊かな色と形100%ナチュラルが魅力の淡水パールのすべて。若者を中心に人気を集める淡水パールの魅力を、種類・特徴から文化史・神話伝説まで美しいカラーで紹介した初めての本。この一冊ですべてが分かる！

Ａ５変型判　一九〇〇円

ジュエリーの歴史
—ヨーロッパの宝飾７７０年
Ｊ・エヴァンズ著／古賀敬子訳

西ヨーロッパで創造性溢れる芸術活動が再開された11世紀末から、宝飾品が大量生産の時代に入った19世紀中頃までを取り上げ、各々の時代に特徴的な作品を豊富に掲げながらファッションの変遷を追う。服飾史、美術工芸史上でも重要な待望のヨーロッパ・ジュエリー通史。ジュエリー用語の訳注も充実。

菊判　三二〇〇円

＊価格は税別価格